봉주르 한국 건축

일러두기

- 단행본·신문·잡지는 『』, 영화·노래·작품명은 「」로 묶어 표기했습니다.
- 인명·지명 등의 외래어 표기는 국립국어원에서 규정한 표기법을 따르는 것을 기본으로 했으나 국내에 통용되는 고유명사의 경우 이를 우선으로 적용했습니다.

봉주르 한국 건축

프랑스 건축가 25인의 한국 현대건축 여행

글
강민희

그림·사진
안청

아트북스

한국은 처음이라

나는 파리에 살고 있다. 직업은 건축가. 몇 해 전 봄, 대학 시절 은사님이 당시 내가 다니던 건축설계 사무실에 찾아오셨다. 보스인 엘렌과 함께 차를 마시며 이야기를 나누던 중 은사님이 '언제 한번' 한국에 오라고 가볍게 권하셨다. 그저 단순한 인사치레로 넘겼던 나와 달리 엘렌은 그 권유를 진지하게 받아들인 모양이었다. 며칠 후, 그녀가 답사할 만한 서울의 주요 건축물을 추천해달라는 부탁을 해왔다.

그해 가을, 엘렌은 정말로 한국으로 여행을 떠났다. 2주 가까이 머무르면서 첫번째 주에는 서울에서 건축가들을 만났고, 두번째 주에는 남쪽 지방을 돌며 안동에서 제사를 참관하고 템플스테이에 참가했다고 한다. 여행을 마치고 돌아온 그녀는 사무실 동료들에게 끝도 없이 한국 이야기를 했다. 익히 알고 있던 내 나라 이야기인데 남의 나라 사람 입으로 들으니 낯설었고, 새삼스러운 것을 넘어 신기한 감정마저 들었다.

놀랍게도 엘렌은 거기서 멈추지 않았다. '일드프랑스건축협회Maison de l'architecture de l'Ile-de-France'(이하 MA)*에서 건축가를 대상으로 운영하는 해외 건축답사 프로그램의 답사지로 한국을 추천하고 나선 것이다. 프랑스에서 활동하는 중견 건축가들이 한국으로 건축답사 여행을 간다? 그렇다면 그들에게 과연 어떤 곳을 보여줘야 할까? 당시 MA는 네 번의 해외 답사를 다녀온 상태였다. 첫번째는 알바르 알토Alvar Aalto의 프로젝트를 찾아 핀란드로, 두번째는 안도 다다오安藤忠雄의 프로젝트를 찾아 일본으로, 세번째는 프랭크 로이드 라이트Frank Lloyd Wright의 프로젝트를 보러 미국으로, 네번째는 루이스 바라간Luis Barragán의 프로젝트를 찾아 멕시코로 떠난 여행이었다. 다섯번째 답사지가 한국이 될 수 있을까? 설렘과 부담을 함께 안은 채 나는 오랜 시간을 들여 그들에게 선보이고 싶은 우리 건축물의 목록을 고르고 또 골랐다. 답사 참가자들이 현역에서 활동하는 건축가라는 점을 일순위로 고려해 테마는 한국의 현대건축으로 정했다. 옛것보다는 지금 한국인들이 살아가는 공간을 보여주고 싶다는 마음이 큰 것도 이유였다.

마침내 답사지 선정을 끝내고 MA 회장 미셸 페로를 만나러 가는 길에, 엘렌은 나에게 떨리지 않느냐고 물었다. 한국 외에도 답사 후보국

---

* 일드프랑스건축협회는 프랑스건축가협회의 산하기구로, 파리를 포함한 일드프랑스 지역(우리나라로 치면 서울과 경기도를 포함한 수도권 개념)의 건축가들이 모인 단체다. 프랑스에는 약 3만 명의 건축가가 있는데 그중 32.5퍼센트의 건축가가 이 협회에 속해 있다. 프랑스 건축가의 약 3분의 1이 수도권 지역에 집중되어 있는 셈이다.

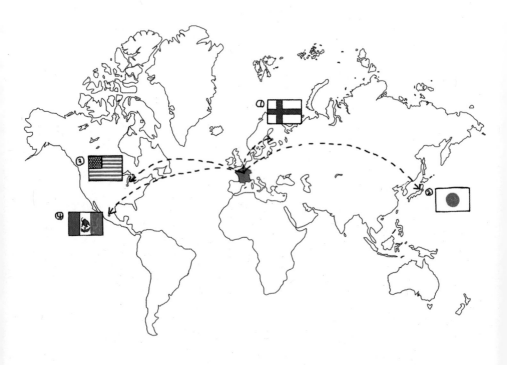

1. 알바르 알토

2. 안도 다다오

3. 프랭크 로이드 라이트

4. 루이스 바라간

이 많다는 것은 잘 알고 있었다. 특히 당시 올림픽을 앞두고 있어 '핫하던' 브라질이 경쟁국이었다. 오스카르 니에메예르Oscar Niemeyer를 비롯한 근대건축 거장의 작품을 여럿 가진데다가 수도인 브라질리아 이외에도 상파울루, 리우데자네이루 등 매력적인 도시들이 많았다. 평소에 새가슴인 나였지만 이번만큼은 이상하게도 전혀 떨리지 않았다. 자신이 있었기 때문이다. 내 나라 한국이 얼마나 아름다운지, 얼마나 가능성이 넘치는 곳인지 스스로 깊이 믿고 있었기 때문에 그들에게도 보여주고 싶다는 마음으로 설레었다.

머리가 희끗하지만 건장한 체격의 미셸 페로는 따로 소개받지 않아도 회장님 포스를 뿜어내는 신사여서 단번에 알아볼 수 있었다. 그는 우선 그간의 건축 여행을 계획하고 스스로 매번 여행에 참여하면서 느낀 점들을 솔직히 이야기해주었다.

"첫번째 여행은 비교적 가까운 핀란드 여행이었어. MA에서 처음 기획한 여행인 만큼 뜻깊었지만 한편으로는 프랑스 건축가들 스스로 얼마든지 쉽게 여행할 수 있는 나라여서 굳이 MA가 여행을 기획할 필요가 있을까 하는 생각을 하게 됐어. 그래서 다음번에는 언어도 다르고 문화권도 다른 혼자서는 답사가 쉽지 않은 나라로 가는 여행을 기획하자고 생각했지. 두번째 여행은 안도 다다오의 작품을 따라가는 일본 여행. 가장 인기가 많았고 참여도가 높았던 답사였어. 열흘 동안 안도 다다오가 지은 주택을 답사하는 프로그램이었는데 어느 순간부터는 안도 다다오의 집을 보는 것이 지루하다는 느낌이 있었어. 도시의 다른 역사적 장소를 무시하고 오로지 안도 다다오의 집만을 보는 것이 그의 건축을 이해하기 위해서도 바람직하지 않다고 여겨졌지. 그래서 세번째 답사지인 미국 여행에서는 현지의 사정을 잘 아는 건축가를 섭외해서 프랭크 로이드 라이트의 작품을 따라가되 현지 건축가 사무실을 방문하는 등 조금 더 복합적인 여행을 기획했고, 지금까지의 여행 중 가장 성공적이었다고 생각해. 작년에는 루이스 바라간의 작품을 따라가는 멕시코 여행을 했었고. 이제까지의 여행과는 달리 한국에는 잘 알려진 건축가가 없어서……."

"한국에는 프랑스에 잘 알려지지는 않았지만 훌륭한 건축가들과 흥미로운 건축이 있어." 나는 한국의 대표적인 건축가 몇몇의 이름과 준비해 간 한국의 현대 건축물들을 소개했다. 당시 나는 그들이 여행한 그 어떤 곳으로도 건축 여행을 떠난 적이 없었다. 핀란드도, 일본도, 미국 시카고도, 멕시코도 나는 가보지 못했다. 경쟁국인 뜨거운 나라 브라질도 가본 적이 없다. 하지만 내가 나고 자란 한국을 그들은 모르지 않나. 나는 한국에서 건축교육을 받았고 한국말을 유창하게 할 수 있으니 프랑스 건축가들에게 한국 건축을 소개해주는 일 정도는 식은 죽 먹기라고 생각했다. 내가 하도 자신 있게 소개를 하는 바람에 미셸과 MA 회원들이 서서히 넘어온 것 같다. 대략적인 건축물 소개가 끝나자 한국 문화 전반에 관한 질문이 끝도 없이 쏟아졌다.

"한국은 종교가 어떻게 돼? 날씨는 어때? 음식은 어떻지? 파리에 있는 괜찮은 한국 식당을 추천해줄 수 있니? 대중교통은 잘 되어 있어? 북한에 대해서는 어떻게 생각해? 위험하지는 않지……?"

쏟아지는 질문에 하나씩 대답하면서 속으로 '됐다!' 하고 생각했다.

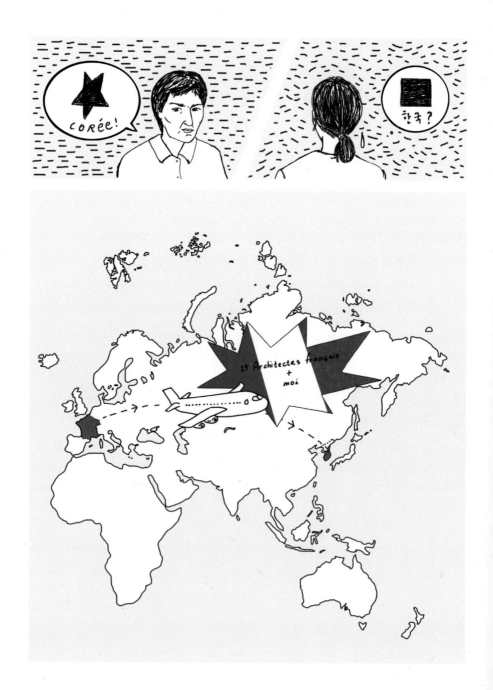

이들의 관심을 끄는 데 성공했다. 나는 뿌듯했다. 이때까지만 해도 나는 아직 나에게 닥칠 고난과 보람을 전혀 예상하지 못하고 있었다.

2013년 2월, MA에서의 첫 미팅 이후 준비 과정을 거쳐 2013년 10월 25일 파리 루아시 공항에서 총 열흘간의 건축 여행이 시작되었다. 여행을 마치고 우리의 특별한 여행을 기록하고, 함께 나누고 싶었다. 그리고 그 작업을 시작한 지도 어느새 여러 해가 지났다. 그해 아름다웠던 서울의 가을 날씨를 떠올리며, 우리의 여행에 동행해주십사 독자 여러분을 초대한다.

차례

함께한 여행자

미셸 페로 Michel PERROT

MA의 회장으로 매해 기획되는 MA 주관 건축 여행에 참가하고 있다. 핀란드를 시작으로 일본, 미국, 멕시코에 이어 한국 여행에 참가했다. 정치적으로는 공산당에 가까운 입장을 취하고 있으며 파리 외곽 소외 지역의 환경 개선을 위해 열정적으로 일한다. 마라톤으로 다져진 건장한 체격의 소유자로 인디언레드 컬러의 스카프는 그의 트레이드마크.

장파스칼 크루제 Jean-Pascal CROUZET **+ 나디아 크루제** Nadia CROUZET

부부 건축가로 '로트르파브리
크l'autre fabrique 건축사무소'를
공동 운영하고 있다. 사무실은
그르노블과 발렁스 사이, 갈리
시에르Galicière라는 유서 깊은
비단공장에 자리잡고 있다. 역
사 유산으로도 지정되었지만
공장이 폐쇄된 후 버려지다시

피 한 곳이었는데 크루제 부부가 매입하여 복원했다. 부부는 갈리시에
르의 옛 영광을 다시 찾는 과정을 꼼꼼히 기록해 책으로 출간하기도 했
다. 장파스칼은 분위기 메이커로 식사 때마다 소주를 즐겼다.

조반니 파체 Giovanni PACE **+ 위고 파체** Hugo PACE

조반니 파체는 이탈리아계로 샴페인
으로 유명한 렝스 지방에서 '조반니 파
체 건축사무소'를 운영한다. 프랑스 사
람으로는 드문 '대부' 같은 리더십의 소
유자다. 이번 여행에는 건축학교 학생
인 아들 위고와 함께 참가했다. 조반니
는 건축학교 선생님으로 오랫동안 일

했는데 이 여행의 또다른 멤버인 얀 카클랭, 백두남과는 사제관계이기

도 하다. 이번 여행에서 조반니는 아들 위고와 두 제자를 거느린 패밀리의 대부 같은 존재였다.

장뤼크 에스테르 Jean-Luc HESTERS **+ 마리실비 바를라티에** Marie-Sylvie BARLATIER

부부 건축가로 파리 9구에서 '에스테르-바를라티에 건축사무소'를 공동 운영한다. 장뤼크 에스테르의 형, 자크 에스테르와 그 부인도 부부 건축가로 이번 여행에 참가했다.

자크 에스테르 Jacques HESTERS **+ 브리지트 오이용** Brigitte OYON

부부 건축가로 파리 20구에서 '에스테르-오이용 건축사무소'를 공동 운영한다. 이들 사이에 아버지를 꼭 닮은 아들 샤를 에스테르가 있다. 샤를은 젊은 건축가로 파리에서 나와 함께 일하고 있다.

얀 카클랭 Yann CACLIN ✚ 백두남 Doonam BACK

젊은 건축가 부부로 낭시에서 'ABC 스튜디오'를 운영한다. 낭시 건축학교에서 친구로 만나 연인이 되고 또 동업자 관계로 발전했다. 낭시 건축학교에서 조반니 파체를 사사했고 졸업 후, 파체 사무실에서 일하다 독립했다. 독립해서도 스승 파체의 조언과 격려에 힘을 얻고 있다. 백두남은 부산 출신으로 얀과 함께 전 세계를 여행했지만 정작 한국의 건축에 대해 잘 몰라 이번 여행에 참가하게 되었다.

파스칼 마레쇼 Pascal MARECHAUX ✚ 마리아 마레쇼 Maria MARECHAUX

역시 부부 건축가로 여행을 아주 많이 다닌다. 파스칼은 젊은 시절 아버지의 반대를 무릅쓰고 건축 공부를 했으며 일반인에게 잘 알려지지 않은 나라 예멘의 매력에 빠져 그곳의 모습을 담은 사

진집도 여러 권 출간했다. 고집 세고 시니컬한 성격. 반면 부인인 마리아는 매사에 적극적이고 호기심이 많아 늘 질문을 하곤 했다. 마레쇼 부부는 파리 14구에서 건축사무소 '스튜디오 마레쇼'를 운영한다.

장미셸 뷔롱 Jean-Michel BURON ＋ 크리스텔 뷔롱 Christel BURON

파리 생라자르역 근처에서 '에피퀴리아epicuria' 건축 사무실을 운영한다. 파리 사무실에 부산 출신 한국인 건축가를 직원으로 두고 있으며 와인을 무척 좋아한다. 둘 다 항상 환한 미소로 주변 사람들의 마음을 따뜻하게 해주는 사교적인 성격이다.

프레데리크 메트리크 Frédéric METRICH ＋ 이자벨 메트리크 Isabelle METRICH

렌스에서 건축사무소를 운영하는 부부 건축가로, 둘 다 아주 조용조용한 성격의 소유자다.

브누아 샹트렐 Benoit CHANTREL

개인주택 프로젝트를 많이 하는 건축가로 유쾌한 이야기꾼. 이동 중 버스 안에서 재미있는 이야기를 들려주어 모두를 웃게 만들었다.

리샤르 리프 Richard RIFF

어디서나 스케치북을 손에 놓지 않는 그림쟁이. 여행을 마치고 스케치를 모아 손수 제본한 책을 만들어주었다. 평생 잊을 수 없는 선물이 될 것 같다.

자크 드 코르몽 Jacques DE CORMONT

청개구리. 왼쪽으로 가자고 하면 오른쪽으로, 오른쪽으로 가자고 하면 왼쪽으로 가는 식이다. 시니컬한 사람이라고 생각했으나 속마음은 따뜻하다. 인테리어 일을 주로 하며, 한 이탈리아 신발 브랜드 숍의 프로토타입을 디자인했으며 파리, 뉴욕에 그가 디자인한 숍이 있다.

이자벨 파넷 Isabelle FANET

외교관의 자녀로 어린 시절 프랑스에 살던 한국인 친구를 사귀어 한국과 인연을 맺게 되었다. 그 친구를 통해 한국을 알게 되고 좋아하게 되었다고 한다.

콜레트 플랑보크 Collette FELENBOK

이번 여행에서 유일하게 건축가가 아닌 참가자다. 사업을 하는 남편을 따라 인도네시아 자카르타에 거주 중이고 미술품 컬렉터로 물방울 화가로 알려진 김창렬 작가의 작품 등 한국과 일본 작가의 작품에 관심이 많다. 전문적인 건축교육을 받지 않았지만 건축가 참가자들과는 다른 시각으로 여행을 풍요롭게 해주었다.

드리파 부아자티 Dripha BOUAZZATI

릴Lille이라는 프랑스 북쪽 지역의 도시에서 왔다. 20년 넘게 건축사무실에서 행정직으로 일하고 있다.

티모테 산드라 Thimothée SANDRA

어린 딸을 둔 엄마 건축가로 여행 중에도 딸을 생각하며 선물로 뭘 하면 좋을까 고민하던 모습이 기억에 남는다. 애연가로 담배 피우는 문화의 차이 때문에 고생했다.

르네 우젝 Renée WOJEIK

믈룅Melun이라는, 한국으로 치면 수원쯤 되는 도시에서 일하는 건축 관련 공무원이다.

서 바바라

한국으로 여행 오는 프랑스인을 안내하는 프로페셔널 가이드. 든든하게 우리 일행을 안내해주었다.

강민희

완전 겁쟁이. 그래서 역설적으로 가장 겁나는 일을 택하는 경향이 있다. 어차피 다 무서우니까. 한국과 프랑스에서 건축 공부를 했고 '●● 디자인밴드 요앞'으로 활동하고 있다.

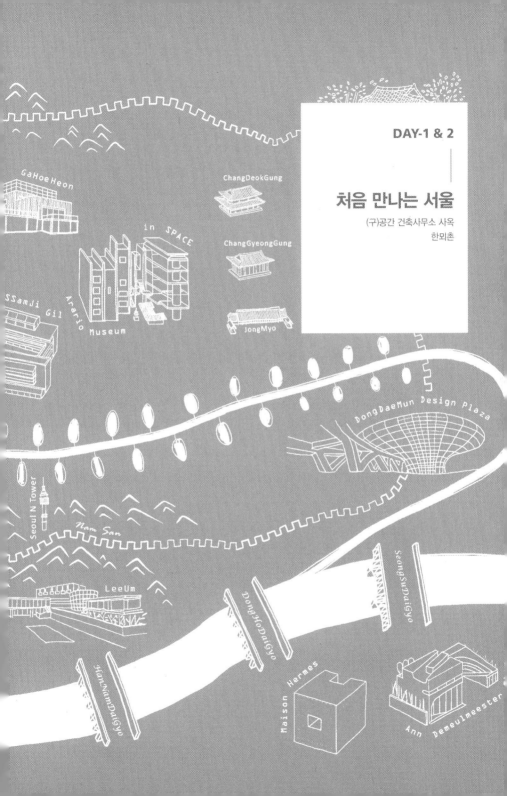

처음 만나는 서울

(구)공간 건축사무소 사옥
한뫼촌

한국인들이여,
브라보!

(구)공간 건축사무소 사옥(현 아라리오 뮤지엄)
건축가 김수근
건축 연도 1971(구관), 1997(신관), 2002(한옥)

서울의 가을 공기는 무척 선선했다. 열 시간이 넘는 비행을 마친 뒤라 피곤했을 텐데 일행은 낯선 나라, 처음 와보는 도시에 대한 설렘에 한껏 들떠 있었다. 사실 가장 신이 난 사람은 아마 나였을 것이다. 드디어 이들에게 김수근의 '공간'을 보여줄 순간이 코앞에 다가왔으니 말이다.

안국역에서 창덕궁 방향으로 조금 걸어가면 거대한 현대건설 사옥이 눈에 들어온다. 안국역 일대의 풍경을 압도하는 이 빌딩은 경제성, 효율성을 중시해 지어진 모습이 숨 가쁘게 성장해온 서울의 특성을 대변하는 것 같다. 현대건설 빌딩을 지나면 바로 오르막길이 나타나고, 그 안쪽의 좁고 긴 대지에 (구)공간 건축사무소 사옥이 자리잡고 있다. 현대건설 빌딩의 넓고 평탄한 대지와 대조적으로 공간 사옥이 놓인 대지는 가파르고 좁고 길다. 게다가 이웃 건물의 그림자와 무성한 담쟁이

덩굴에 파묻혀 특별히 관심을 두지 않으면 모르고 지나치기 십상이다.

하지만 공간 사옥은 아름다운 건축물을 알아보는 이들에게는 더할 나위 없이 근사하고 소중한 곳이다. 특히 건축가의 눈으로 보면 설계자의 정성과 고민이 구석구석 세심하게 묻어나 있어서, 프랑스에서 온 건축가들에게 가장 먼저 소개하고 싶었다. 보통 건축, 건설 하면 대형 건설회사와 넓고 복잡한 현장을 연상하지만, 한편에는 작은 사무실에서 고심하며 '공간'을 그렸다 지웠다 세웠다 허물었다 수없이 반복하는 건축가들이 있다. 그들의 피와 땀이 담긴 곳이라는 생각에 한국 여행을 계획했을 때부터 첫번째 방문지는 무조건 이곳이어야 한다고 정했다.

공간 사옥은 한국 건축가들이 가장 좋아하고 가치 있다고 여기는 한국의 대표적인 현대 건축물로 손꼽히지만, 일반 대중이나 해외에는 상대적으로 덜 알려져 있다. 요즘에는 세계 각지에 새로 지어진 건축물들이 각종 경로를 통해 실시간으로 소개되곤 하니 오히려 드문 경우라 할 수 있다. 뿐만 아니라 이 건물을 설계한 건축가 김수근 역시 한국 현대건축의 아버지와 같은 존재임에도 불구하고 대중에게는 잘 알려지지 않았다. 그래서 더 제대로 잘 소개하고 싶었고, 또 우리 일행이 공간 사옥을 어떻게 받아들일지 궁금하고 긴장됐다.

공간 사옥은 서로 다른 시공간적 개성을 지닌 세 개의 덩어리로 구성돼 있다. 세 덩어리 중 무게중심을 잡고 있는 것은 한국 현대건축의 선구자 김수근이 설계하여 1971년 준공된 먹색 벽돌 건물이다. 1997년, 여기에 장세양(김수근의 뒤를 이어 공간을 이끈 건축가)이 설계한 개방적

인 유리 건물이 더해지면서 시간의 흐름을 균형 있게 형상화했다. 그리고 2002년 북촌문화포럼을 통해 한옥 보존을 위해 활동하기도 한 이상림이 두 건물 사이 마당에 소박한 한옥을 완성하면서 공간 사옥의 구성에 비로소 마침표가 찍혔다고 할 수 있다.

답사 첫 순서는 물론 김수근의 벽돌 건물이다. 앞에 서서 간단하게 설명을 시작하기 무섭게, 연륜 있는 건축가들다운 반응이 튀어나왔다. 여러 번 왔던 나도 미처 보지 못한 디테일을 찾아내는 날카로움이라니. 덕분에 주 출입구 주위에 빗물이 잘 흘러가도록 섬세하게 처리해놓은 홈의 존재를 그제야 알아볼 수 있었다. 뿌듯함과 안도감이 밀려들면서 긴장이 풀리고, 이 여행을 통해 얼마나 많은 것을 새로이 알게 될지 기대가 커지기 시작했다.

  우리가 방문했을 때는 아직 미술관으로 용도 변경되기 이전이라 설계사무실 한쪽에는 김수근 선생이 쓰던 책상과 물건이 그대로 보존되어 있었다. 김수근 선생이 금방이라도 회의를 마치고 자리로 돌아올 것 같은 기분이 들었지만, 그는 1986년 세상을 떠났고 1971년부터 40여 년 동안 이곳을 모태로 성장한 수많은 건축가들이 한국 현대건축의 성장을 이끌어왔다. 여기저기 도면과 모형으로 가득한 사무실을 둘러보니 지난 세월 얼마나 많은 건축가들이 이곳에서 밤을 지새웠을지 눈에 선했다.

  건축은 현상학적으로 보자면 참으로 물질적이지만, 인간의 정신과 의지 없이는 존재할 수 없다. 새로운 도시를 여행할 때 그 도시의 상징과 같은 건축물을 방문하는 데에는 그런 이유가 있다. 그런 면에서 특히 공간 사옥에는 김수근의 '정신'이 담겨 있기에 우리의 마음을 두드린다.

> 본인은 인간 환경의 본질은 물리적 관점에서가 아니라 내면적, 정신
> 적인 관점에서 이해되어야 한다고 생각합니다. (중략) 상실된 인간
> 성을 회복시켜 인간을 환경의 주인공이 되게 하는 일이 건축가가 사
> 회에 대해서 할 수 있는 선이라고 생각합니다. 이는 작가의 양심이
> 기도 하며 여기서 건축가는 리더Leader가 될 수도 있고, 서번트Servant
> 가 될 수도 있는 것입니다. (중략) 합리주의를 전면적으로 부정하려
> 는 것이 아니라 합리주의 건축의 한계점을 지적하여 건축을 보다 높
> 은 차원으로 끌어올리려는 제안을 하고 있습니다.
>
> _김수근, 『좋은 길은 좁을수록 좋고 나쁜 길은 넓을수록 좋다』(공간사, 2006)

앞서 언급한 현대건설 사옥과 공간 사옥을 비교해보면 그의 싸움이 어떠한 것이었는지 잘 알 수 있다. 건축가로서 김수근은 정신적 가치를 추구했고 이 건물을 통해 그 정신의 실체를 구체화했다. 나라와 문화는 다르지만 같은 열정을 품은 건축가로서 일행도 이곳에 쌓인 시간과 노력과 성과를 마음으로 이해하는 듯했다. 감정에는 말이 필요 없다. 게다가 먼 타국에서 일상에서 느끼던 감정과 풍경을 마주하는 것은 꽤나 특별한 경험이다.

건물을 다 둘러보고 지하 소극장에서 지난 50년간 서울이 이룬 발전

상을 보여주는 강의를 진행했다. 이 여행을 함께 계획한 엘렌의 제안으로 준비한 프로그램이었다. 우리 일행은 아늑한 공간 사옥의 소극장에서 광복 직후부터 짧은 시간 동안 드라마틱하게 변해온 서울의 변천사를 호기심 어린 표정으로 듣고 보았다. 사실 젊은 프랑스인들 사이에선 영화나 음악(케이팝) 등 한국 문화가 꽤 알려져 있지만, 이전 세대들에게 한국은 여전히 휴전 중인 분단국가라는 인상이 지배적이다. 그래서 이런 시간을 마련했는데, 예상대로 작게나마 효과가 있었다. 일행 중 얀은 자못 흥분한 목소리로 이렇게 이야기했다.

"1950년만 해도 이 나라에 논과 밭 외엔 거의 아무것도 없었다니! 지금의 서울을 보면 믿을 수가 없어. 60년 만에 이런 성과를 낸 나라는 전 세계에 한국밖에 없을 거야. 정말 굉장해, 브라보! 한국은 프랑스보다 시간이 몇 배로 빨리 가는 것 같아. 내게는 초현실적으로 느껴질 정도로 다른 세상 같아."

얀의 말처럼 서울의 시간은 파리보다 열 배쯤 빨리 흐르는 것 같다. 파리라는 도시는 좀처럼 변하지 않는다. 100년 전 모습을 고스란히 간직한 동네도 많다. 파리가 늘 한결같은 모습을 유지해온 도시라면, 서울은 어제와 오늘이 다른 도시다. 매년 서울을 여행한다면 아마 매년 다른 모습을 보게 되지 않을까 싶을 정도로.

이 역동적인 도시에서 40여 년간 한자리를 지켜오던 공간 사옥도 얼마 전 큰 변화를 겪었다. 우리가 다녀온 지 얼마 안 되어 위태롭게 버텨오던 공간 건축사무소가 파산하고, 건물에는 아라리오 뮤지엄이 들어섰다는 소식이 들려온 것이다. 시간은 많은 것을 변화시킨다. 인간의 정신과 노동, 물질로 생성된 건축물은 수천 년 동안 지속되기도 하지만 순식간에 사라지기도 한다. 영원이란 덧없는 바람일 뿐이란 것을 잘 알지만, 공간 사옥이 더이상 '공간' 설계사무소의 공간이 아니라는 것에 말로 표현할 수 없는 아쉬움이 남는다.

한옥은 잘 짜인
가구다

한뫼촌
건축 연도 1950년대(추정)

우리도 그렇지만 프랑스 사람들은 잘 먹는 것을 정말 중요하게 생각한다. 최근에는 한국 음식에 대한 관심과 호감도 예전에 비하면 꽤 높아져 파리 17구의 '만두바mandoobar'와 같은 몇몇 한식당은 한참 전에 예약을 해야 갈 수 있는 핫플레이스가 됐다. 피에르 가네르Pierre Gagnaire, 윌리엄 르되이William Ledeuil 같은 스타 셰프들이 한국 음식에서 영감을 받은 요리를 선보이기도 한다. 르되이는『르피가로』와의 인터뷰에서 10여 년 전 한국인 기자를 통해 배추김치를 접하고 바로 매료됐다고 말하기도 했다. 기사에서 "김치는 식사 중 간을 맞추는 역할을 한다. 김치 하나로 소금과 후추, 향을 대체할 수 있다"라는 말이 특히 인상적이었다. 하지만 파리의 한국 음식에서는 본래의 맛을 온전히 느낄 수 없다. 프랑스식으로 변형된 한국 음식이라는 게 정확할 것이다. 그래서 여행을 계획하면서 한국 음식이 얼마나 매력이 넘치는지 보여주고 싶다는 마음이 컸다. 프랑스 사람들은 잘 모르는 매콤한 맛, 고소한 맛, 뜨거운 맛, 진짜 한국의 맛을 보여주리라. 생각만 해도 즐거웠다.

서울에서의 첫번째 식사는 밥, 국, 각종 나물로 차린 소박한 밥상으로 정했다. 장소는 공간 건축사무소의 직원들이 외국에서 온 클라이언트와 가볍게 식사할 때 늘 갔다던 북촌의 '한뫼촌'으로 정했다. 한옥의 정취를 잘 간직하고 있는 곳이라 여러모로 적당했다.

북촌의 한옥은 대청에 유리문을 달고 처마 끝에는 함석으로 만든 물길을 덧대는 등 전통 한옥에 도시 생활에 필요한 요소들을 결합해 나름의 방식으로 진화했다. 한뫼촌은 1990년대 도시형 한옥을 식당으로 개조한 경우다. 생활의 편리를 위해 변해온 흔적이 구석구석 남아 있다.

한옥을 둘러볼 때마다 재미있다고 생각하는 것은 공간의 스케일이 가구 치수와 절묘하게 맞아떨어진다는 점이다. 대청마루에 앉으면 서양식 스툴에 앉은 높이와 같다. 방에 들어가 앉아 창틀에 팔을 올려놓으면 의자의 팔걸이 높이와 같다. 어떤 이는 한옥의 창턱 높이가 남녀가 포개 누웠을 때의 높이라고도 한다. 요즘 말로 표현하자면 프라이버시를 보호해주는 구조라고나 할까. 내부 천장의 높이는 사람 키의 1.5배 정도다. 우리 조상들은 그보다 낮으면 답답하고, 높으면 사람의 기를 빼앗아 간다고 여겼다고 한다. 물론 실제로는 추운 겨울 온돌로 따스하게 데운 공기를 오래 유지하기 위한 방책이었을 것이다. 이렇듯 사람에게 맞춰진 공간의 치수를 '휴먼 스케일'이라고 부른다. 인간의 신체 치수가 인간의 도구인 가구로 그리고 집으로 확장된 것이다.

한옥은 잘 짜인 나무 가구다.

프랑스에서는 20세기 초반 '모더니즘 건축의 아버지'라 불리는 르코르뷔지에Le Corbusier가 휴먼 스케일을 건축과 가구에 적용한 디자인을 선보였다. 이를 르코르뷔지에의 '모뒬로르Le Modulor'라고 부르는데, 그는 아름다움의 근원인 인간 신체의 척도와 비율을 기초로 황금분할을 찾아 무한한 수학적 비례 시리즈를 만들었다. 그가 설계한 라투레트 수도원Couvent de la Tourette에 가면 이 모뒬로르 시스템을 이용한 비례가 얼마나 아름다운지 볼 수 있다. 그냥 문일 뿐인데, 그냥 벽일 뿐인데, 르코르뷔지에가 적용한 비례 덕분에 문과 벽이 그 자체로 예술작품이 된 현장이 거기 있다. 이 개념을 한옥에 적용하자면, '코리안 휴먼 스케일'이 녹아 있는 셈이라고 할 수 있겠다. 그래서일까, 일행들은 한옥을 집이라기보다는 오히려 잘 짜인 가구로 받아들이는 듯했다. 그들에게 대청마루는 아마 아주 크고 긴 의자로 받아들여졌을 것이다.

마루에 앉아 신을 벗어놓고 방에 들어서니, 모두 식탁과 의자 대신 차려진 밥상과 바닥에 놓인 방석에 어찌할 바를 몰라 했다. 양반다리 하고 앉는 법, 젓가락질 하는 법, 반찬 나눠 먹는 법을 세 살짜리 아기처럼 가르쳐보았다. 프랑스인에게 양반다리는 역시 무리였는지, MA 회장 미셸은 거의 눕다시피 한 상태로 젓가락질을 하느라 고군분투 중이었다. 그가 여행 계획을 세울 때 바닥에 앉아 식사를 하는 것에 난색을 표했던 게 떠올라 식당에 슬쩍 포크를 부탁했더니, 눈치만 보던 몇몇이 "나도! 나도!" 하며 손을 들었다. 한국 밥상 예절이 어려웠던 미셸은 그게 내심 미안했던지 "젊어서부터 아마추어 마라토너로 정말 많이 달렸고 전 세계의 여러 대회에도 참가하고는 했었어. 내 다리는 아주 튼튼하지

만 유연성은 떨어지나봐……" 하며 웃었다.

한옥에서 진짜 한식 밥상을 받아본 이들은 반찬 하나하나 맛을 보며 즐거워했다. 맛도 맛이지만 아주 세련되고 아름다운 음식이라는 칭찬을 아끼지 않았다. 한 잔씩 반주도 곁들인 식사를 마치고 일어선 일행을 또다시 놀라게 한 것은 댓돌에 가지런히 정리해놓은 신발이었다. 방에 오를 때 급하게 여기저기 벗어두었던 신발을 식당 직원이 우리도 모르는 사이에 정성스럽게 다시 놓아준 모양이다. 이런 대접은 처음이라 어리둥절하던 사람들이 이내 환하게 웃으며 신발에 다이빙하듯 뛰어들며 장난을 치기 시작했다. 마당을 오가며 보이는 것마다 신기하다는 듯이 이건 뭐냐 저건 뭐냐 끝없이 질문을 하고, 장독대 뚜껑을 하나하나 들춰보질 않나, 프랑스 사람들의 호기심은 정말 못 말린다.

DAY-3

서울 사대문 안에서

안개 속에서
길을 찾다

국제갤러리 3관
건축가 플로리안 이덴뷔르흐Florian IDENBURG+징 리우Jing LIU(SO-IL)
건축 연도 2012

본격적인 답사 첫날 아침, 프랑스어에 능통한 전문 가이드 바바라가 동행했던 어제와 달리 오늘은 온전히 나 혼자 사람들을 이끌어야 한다. 기대와 긴장으로 뒤척이다 잠 못 이루는 밤을 보내고 일찍 일어나 오디오 시스템부터 점검했다. 내가 마이크에 대고 말을 하면 반경 30미터 이내의 답사자들이 이어폰을 통해 들을 수 있는 장비다. 여러 명이 한꺼번에 움직일 때 아주 유용하지만, 화장실에 갈 때는 마이크를 꼭 꺼야 한다. 깜빡하면 두고두고 놀림감이 될 테니 말이다.

인사동의 호텔에서 출발해 삼청동의 국제갤러리까지 걷는 것이 오늘의 첫 코스. 선선한 아침 공기를 가르며 신나게 앞으로, 앞으로 향했다. 드디어 저만치 국제갤러리가 보일 즈음 문득 뒤쪽이 서늘한 느낌이 들어 돌아보니, 이게 웬일인가. 아무도 없었다. 머릿속이 하얗게 된 채 멍

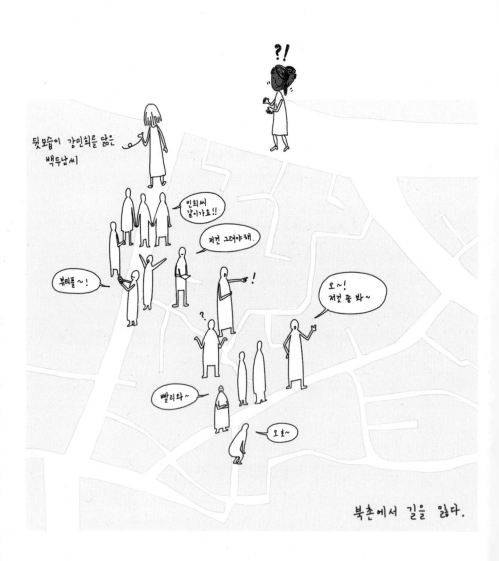

하니 서 있는데 전화가 울렸다. 낭시에서 프랑스인 남편 얀과 함께 건축 사무소를 운영하는 부산 출신 건축가 백두남 씨였다. 사람들이 어느 순간부터 나와 머리칼 색이 같은 두남 씨 뒷모습만 보고 따라가다 뒤늦게 엉뚱한 사람이었다는 것을 알아차린 모양이었다. 그들은 길을 잃고, 나는 그들을 잃어버린 셈. 첫날의 이 어이없는 해프닝으로 난 그만 두고두고 놀림감이 되고 말았다. 그나마 마이크는 제때 켜고 꺼서 다행이랄까.

삼청로를 따라 걷다보면 왼쪽으로 경복궁 돌담이, 오른쪽으로는 현대, 학고재 등 세련된 갤러리들이 이어진다. 양쪽으로 볼 게 많다는 뜻이다. 오늘 하루는 참 길겠구나 생각하자마자 아니나 다를까, 일행은 가다 서다를 반복하며 감탄하고 연신 사진을 찍느라 정신이 없다. 특히 경복궁에 대한 관심이 뜨거웠다.

"경복궁 돌담 정말 좋아. 콘크리트 담벼락에 비하면 얼마나 멋진지! 높이를 일정하게 맞추느라 기와가 올라갔다 내려갔다 하잖아. 하루 종일 이 돌담만 봐도 재미있겠어."

리샤르 리프는 끝없이 돌담을 예찬하고, 자크 에스테르는 경복궁에도 가고 싶다며 왜 일정에 넣지 않았는지 물어왔다. 돌담, 궁 등 이 도시의 옛 건축물에 쏟아지는 관심에 조금 당황스러웠다. 그런가 하면 트럭 한가득 실은 귤을 파는 노점, 교복을 입은 학생들에게서 시선을 떼지 못하는 이도 있다. 다섯 살 아이처럼 쉴 새 없이 질문을 쏟아내는 일행을 상대하다보니 평소 같으면 그냥 지나쳤을 거리의 모든 것을 덩달아 눈여겨보게 된다.

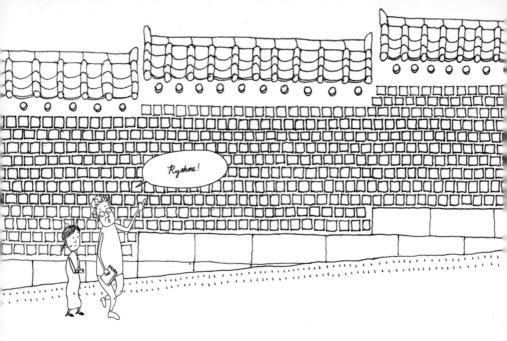

"왜 길에 쓰레기통이 없어? 쓰레기는 어디에 버리지?"

(길의 표지판을 가리키며) "'green food zone'이 무슨 뜻이야? 저기선 오가닉 음식만 먹어야 돼?"

(경복궁 맞은편의 트윈트리타워를 보며) "저 쌍둥이 빌딩은 뭐야? 멋있는데! 하지만 어떻게 문화재 앞에 이런 고층 빌딩을 세울 수가 있었지? 프랑스에서는 상상도 할 수 없는 일인데……."

아니, 이 거리에 신기한 것이 이렇게 많았던가? 새로운 사람들과 함께하니 익숙한 이 길이, 이 도시가 새롭게 보이기 시작한다. 인사동에서 국제갤러리까지 천천히 걸어도 15분이면 충분한데, 그 짧은 거리를 걷는 동안 온갖 대모험을 겪은 느낌이다.

국제갤러리는 세 개 동으로 구성돼 있다. 1982년 본관, 2007년 신관
이 완공된 데 이어 2012년 3관까지 더해지면서 지금의 모습이 완성됐
는데, 3관으로 갈수록 점점 층고가 높아지고 내부 공간도 넓어지는 것을
알 수 있다. 현대미술 작품의 규모가 점점 커지고, 회화에서 설치로 주류
매체가 옮겨가는 최근 추세를 반영한 것이다. 3관은 층고가 6미터나 되
는 단층 건물로 기둥 없이 순수한 큐브 형태로 대규모의 설치작업이나
퍼포먼스와 같은 이벤트를 하기에 적당하도록 설계되었다. 우리의 목
적지는 3관으로, 이곳에 가려면 2관에서 외부 공간을 통해 낮은 담으로

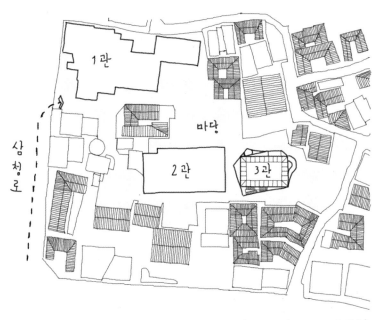

하늘에서 내려다 본 국제 갤러리

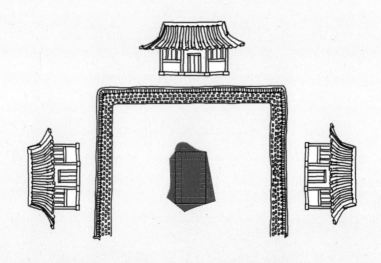

둘러싸인 마당을 지나가야 한다. 마치 각각의 방이 독립적으로 배치되어 안방에서 사랑방으로 갈 때 마당을 통해야 하는 한옥의 구조를 연상시키는 동선이다. 리샤르 리프는 여기서도 계속 돌담에 관심을 보였다.

"돌담 높이가 정말 흥미로워. 위압적으로 높지도 않고, 너무 낮지도 않고, 사생활은 적당히 보호하면서 지붕은 절묘하게 보이는 이 적당한 높이를 어떻게 찾아냈을까?"

흰 상자처럼 생긴 국제갤러리 3관은 돌담에 둘러싸여 그 자체로 하나의 전시된 작품 같다는 인상을 준다. 건물을 한 바퀴 돌면서 바깥을 바라보면 낮은 담장 너머로 동네 한옥의 기와지붕과 처마가 살짝살짝

정선, 「장안연우」, 종이에 수묵, 39.8×30cm, 18세기경, 간송미술관

보인다. 리프를 비롯한 일행에게는 익숙하면서도 이국적인 풍경이었을 것이다. 국제갤러리 3관을 설계한 플로리안 이덴뷔르흐와 징 리우(이하 소일SO-IL)는 특히 주변의 옛 도시 조직과 잘 어울리는 현대적 공간을 만드는 데 주력했다고 한다. 이를 위해 조선시대 풍경화와 도자기 등을 살펴보며 모티프를 찾았는데, 겸재 정선이 한양을 그린 「장안연우」에서 영감을 받았다는 이야기에 작게 탄성이 나왔다. 이 건물을 보면서 형태가 불분명하게 드러나는 모습이 마치 안개 속에 감춰진 듯한 느낌을 받았는데, 「장안연우」의 풍경과 연결을 해보면서 비로소 그들이 숨겨놓은 답을 찾을 수 있었다. 18세기 정선이 그린 산수화가 네덜란드와 중국

출신의 두 건축가에게 새로운 창작의 열쇠 역할을 한 셈이다.

노출 콘크리트로 마감한 순수한 상자 밖에는 환풍구과 엘리베이터 공간이 요철처럼 튀어나와 있다. 건물이 안개에 휩싸인 느낌이 드는 것은 외부를 51만 개가 넘는 스테인리스스틸 그물코로 만든 거대한 메시(철망)로 감싸놓았기 때문이다. 본래 철은 단단하기 때문에 건축에서 흔히 쓰이는 재료지만, 이런 형태로 사용된 예는 드문 편이다. 우리 몸에 감긴 옷처럼 건물의 볼륨을 감싼 철망은 건물을 있는 그대로 보여주는 동시에 그 유연함으로 시시각각 변하는 그림자를 드리우는 환상적인 외피가 되기도 한다.

하지만 이 심플하고 아름다운 망을 설치하기 위해서는 해결해야 할 문제가 있었다. 철은 온도에 민감한데 서울은 여름과 겨울의 연교차가 커서 철망이 시시때때로 늘어나거나 줄어든다는 점이다. 다들 건축 일을 하는 사람들이라 이런저런 궁리를 내놓는 가운데, 우리를 안내해준 큐레이터 김정연 씨가 이 고민을 해결한 열쇠는 옥상에 있다고 알려주었다. 올라가보니 이 메시 구조를 설치하기 위해 고안한 기계 장치가 보였다. 온도에 따라 조이거나 늘릴 수 있도록 입면을 따라 볼트와 너트로 메시를 촘촘히 고정시켜 무리 없이 유지할 수 있도록 한 것이다.

젊은 건축가 그룹 소일과 함께 이 메시를 완성하기까지 큰 공을 세운 파사드facade 전문 회사가 있다. 샌프란시스코에 본사를 두고 있는 파사드 컨설팅 회사 프론트Front다. 프론트는 건축가가 상상한 건물 외관을 실제로 구현하기 위한 기술적인 자문을 한다. 아홉 살 때 미국에 건너간 재미동포, 마이클 라Michael Ra 씨가 바로 프론트의 공동 대표다. 한국 이

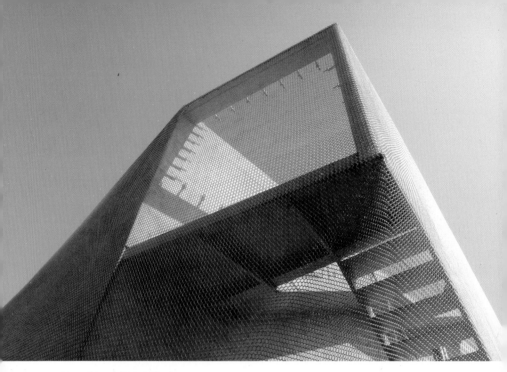

Photo © Pascal & Maria Maréchaux

름은 라나민. 건축가가 컨설팅을 의뢰하면 그는 어떤 어려운 질문에도 일단 무조건 '예스'라고 답하고 나서 해결 가능성을 찾는다고 한다. 건축가들은 늘 새로운 시도를 요구하기 때문에 지금껏 수많은 난제를 풀었지만 동시에 늘 새로운 난제가 그에게 주어진다. 국제갤러리 파사드의 해결사로 나선 그는 우선 메시가 건물 위로 걸쳐질 모습을 컴퓨터 3D모델링으로 구현해보았다. 이 모델링 작업을 통해 각 위치에 필요한 고리의 수를 정확히 예측할 수 있었다. 그리고 수공예로 용접, 연마된 스테인리스스틸 51만 개의 고리로 이음새 없이 딱 맞는 '드레스'를 맞춤제작했다. 이 작업은 프론트와 소일의 엄격한 감독과 관리 아래 중국

안핑 지역의 장인들이 수행했다. 이렇게 해서 만들어진 메시는 프론트에서 고안한 장치로 기온 변화에 따라 조절이 가능하도록 고정했다. 이로써 겨울에는 영하 15도까지 내려가고 여름에는 35도 이상 기온이 올라가는 등 변화무쌍한 서울의 기온에도 늘 같은 형태를 유지하는 메시가 완성되었다.

메시의 형태는 한결같지만 태양의 위치에 따라 그림자는 시시각각 변화하는 안개를 만들어낸다. 이 건물이 완공되자마자 소일은 뉴욕에 근거지를 두고 전 세계에서 활동하는 건축가들을 대상으로 하는 AIA 뉴욕 디자인 어워드를 수상했다. 그리고 이듬해 시카고 아트인스티튜트 The Art Institute of Chicago는 이 건물의 디자인 콘셉트 모형을 소장하기로 결정했다. 국제갤러리 3관의 콘셉트 모형은 프랭크 게리Frank Gehry, 미스 반 데어로에Mies van der Rohe 같은 저명한 건축가의 작품들과 함께 미술관에서 전시되기도 했다.

국제갤러리 3관은 익숙한 형태를 새로운 재료와 방식으로 구현했다는 점, 서울의 옛 흔적이 남아 있는 주변 환경에 조화롭게 녹아들었다는 점 때문에 프랑스에서 온 건축가들에게 꼭 보여주고 싶었다. 그들의 연륜이라면 말로 설명하지 않아도 이 건물이 품은 이 도시를 존중하는 태도와 의미를 알아주리라 생각했기 때문이다. 지금 이 순간, 서울의 진경은 이런 것이라고 점을 찍고 싶었다.

아름다운

불연속 화음

송원아트센터
건축가 조민석(매스스터디스)
건축 연도 2012

스무 명이 넘는 성인을 이끌고 여행을 한다는 것이 얼마나 스펙터클한 지 해보기 전에는 미처 몰랐다. 게다가 외국인, 그것도 새로운 도시에 대한 호기심으로 가득한 건축가들을 인솔한다는 것이 얼마나 큰 도전 인지 나는 전혀 알 수 없었다. 순진하게도 내가 말을 하면 모두 경청해 주고, 길을 안내하면 얌전히 따라올 줄 알았다. 그게 불가능한 일이라는 것을 미처 알지 못했다. 호기심이 왕성하고 자유분방한 그들은 제각기 갈 길을 갈 뿐, 서로를 기다려주지도, 내 말에 제때 귀 기울여주지도 않 았다. 한 장소에 겨우 몇 명 붙잡아놓고 나머지가 합류하기를 기다리면 그새를 못 참고 또 몇 명이 대열을 이탈해 앞서가기 일쑤였다. 고민 끝 에 내가 찾은 방법은 딱 다섯 명만 기다리자는 것이었다. 일단 다섯 명 만 내 앞에 모이면 소개를 시작했다. 그러면 전체 인원을 모으려고 애쓰지 않아도 대부분 근처에서 사진을 찍거나 주변을 관찰하며 내 말을 들어준다. 각자 최대한 자유롭게 움직이고, 나도 필요한 정보를 적시에 간단히 설명하고 바로 이동하는 요령을 터득하니 비로소 조금 편해졌다.

국제갤러리에 이어 찾은 송원아트센터는 프로젝트를 담당했던 건축사사무소 '매스스터디스'의 김윤환 건축가가 직접 소개해주었다. 실제 건물을 설계한 이와 만나자 프랑스 건축가들의 질문이 쏟아졌다. 대부분 20여 년 이상 경력을 쌓아온 건축가들이기 때문에 곁에서 그들의 대화를 듣는 것만으로도 아주 흥미로웠다. 특히 건축학교에서 학생들을 가르치는 조반니 파체와의 대화가 기억에 남는다. 조반니를 중심으로 그의 아들인 건축학과 학생 위고, 그의 제자인 부부 건축가 얀 카클랭과 백두남이 모여 이야기를 나누는 모습은 참 편안하고 사이가 돈독해보여 자꾸 눈길이 갔다. 늘 조반니를 중심으로 모여 있는 그들 옆에 있으면 주워듣는 게 참 많았다. 각별한 사이인 만큼 다정하고 편안한 공기, 아들과 제자들에게 하나라도 더 알려주려 애쓰는 조반니 덕분에 나도 많은 것을 배웠다.

"이 예각 모퉁이를 돌면서 건물을 찬찬히 보면, 위치에 따라 다른 모양의 조형을 보게 된다. 잘 봐봐, 애들아."

조반니 일행은 그의 말을 따라 윤보선길을 따라 올라가다가 건물을 돌아 북촌로에서 건물을 바라보았다. 윤보선길에 서면, 흔히 양옥집이라 불리는 가정집 옆에 자리잡은 수수하고 작은 건물이 보인다. 무엇이 특별한 것일까 하고, 좀더 가까이 다가가보면 건물의 볼륨이 떠 있는 것

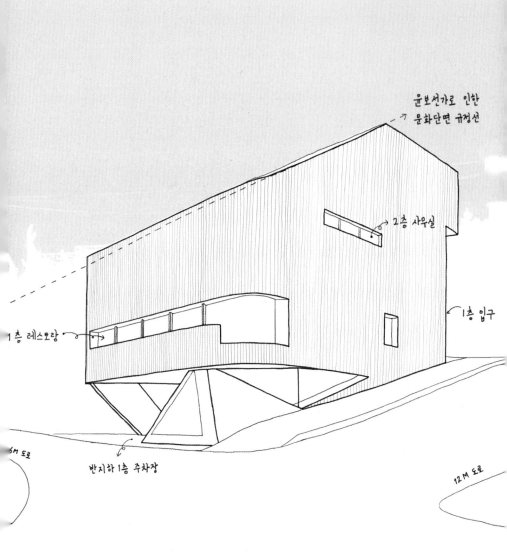

윤보선가로 인한
문화단면 규제선

2층 사무실

1층 입구

1층 레스토랑

반지하 1층 주차장

6M 도로

12M 도로

을 볼 수 있다. 지상층에 주차 공간을 확보하고자 건물이 주차 공간 위에 떠 있는 형태를 띠게 된 것이다. 모퉁이에 이르면 뾰족한 꼭짓점에서 삼각형 구조물이 건물을 떠받치고 있다. 꼭짓점에서 바라보면 북촌로 방향은 윤보선길보다 경사진 오르막길로 지면 높이가 더 높은 것이 한눈에 들어온다. 북촌로에서 건물을 보면 윤보선길에서와는 달리 큰 사다리꼴 모양의 건물을 마주하게 된다. 건축가의 표현에 따르면 '조용한 곡예'를 하는 건물이다.

송원아트센터는 100평도 안 되는 작은 땅에 지어진 작은 건물이지만 수년에 걸쳐 숱한 고민과 조정을 거친 끝에 탄생했다. 건물이 들어선 북촌은 서울이 지난 반세기 동안 질주해온 개발로부터 비켜나 옛 정취를 지켜온 귀한 지역이다. 따라서 새로운 건물이 들어오면 이질적으로 튈수밖에 없는 까다로운 조건의 대지이기도 하다. 근처에는 문화재로 지정된 윤보선가家가 있다. 경복궁의 좌청룡인 낙산 자락에 자리잡아 풍수적으로 명당에 위치한 이 고택은, 고종 7년(1870)에 건립된 것을 윤보선 전 대통령의 부친이 1910년에 매입했다고 한다. 윤 전 대통령 재임 당시 집무실로 사용되는 등 북촌의 근현대사에서 존재감을 발휘하는, 이야깃거리가 많은 곳이다. 이렇게 주어진 맥락이 강력할 때 신축 건물이 어떤 태도를 취해야 할지 결정하는 것은 쉽지 않은 문제다.

오래 유지해온 맥락과 전통을 깨뜨리는 생경한 건물이 들어서면 사람들은 거부감을 느낀다. 건축가의 욕심이 지나치게 드러나는 경우는 말할 것도 없다. 북촌의 신축 공사현장을 오가는 주민들은 대부분 이 오

"북촌이라는 매우 강한 '올드 스페이스'에 송원같은 '뉴 스페이스'를 끼워 넣어야 할 경우,
'올드 스페이스'에 물리적으로 동화되는 방식이 아니라, 다소 추상적이거나 독립성을 유지하는 방식으로
관계 되도록 하는 것이 적절하다고 생각한다. 음악으로 비유하면 완전화음이 아니라 불연속 화음이거나
대위법을 활용한다고 할 수 있겠다."

– 이종건 (건축 평론가, 경기 대학교 교수)

래된 풍경에 자연스레 스며드는 건물이 들어서길 바란다. 그렇다고 주변을 지나치게 의식해 어설프게 흉내내는 데 그치면 누구도 만족시킬 수 없는 어색한 결과가 나올 수도 있다. 송원아트센터를 설계한 매스스터디스 역시 북촌의 모퉁이 땅을 앞에 두고 '환경을 민감하게 반영하되 타협하지 않을 것'을 첫번째 원칙으로 삼았다고 한다. 유연하게 상황을 조정하면서 타협하지 않는다는 지침은 어쩌면 그 자체로 모순이랄 수 있지만, 건축 작업을 할 때 굉장히 중요한 태도다. 건축가가 하나의 건물을 설계할 때는 건축주, 주변 환경, 사이트의 스토리와 맥락, 주민 등 모든 것을 고려해야 한다. 그리고 동시에 건물 자체의 완결성이 완벽에 수렴할 수 있도록 끝까지 타협하지 말아야 한다. 건축가의 고민이 저 짧은 말 한마디에서 충분히 느껴졌다.

이 건물의 지붕을 잘 보면 윤보선가 방향으로 사선으로 잘린 것을 볼 수 있는데, 이는 주변 건물이 문화재를 압도하지 못하게 하는 규정으로 인해 자연히 만들어진 형태다. 건축주인 철강회사는 자사의 철강 제품을 외장재로 쓸 것을 제안했고, 그에 따라 아연도금 강판을 외피로 선택했다. 멀리서 보면 모노톤으로 차분한 인상을 주지만 가까이서 보면 외장재가 세로로 가늘게 접혀 있는 것을 볼 수 있는데, 촘촘하게 접힌 간격이 일정하지 않고 미세하게 달라진다. 그래서 단조롭지 않은 리듬감이 느껴진다.

그럼 안은 어떤지 가보자. 앞에서 이야기한 비스듬히 잘린 지붕 아래로 복층 구조의 레스토랑이 자리잡고 있다. 지붕은 유리로 되어 있어 자연광을 듬뿍 받아들이지만 빛이 루버(얇은 날을 평행하게 배열하여 빛의

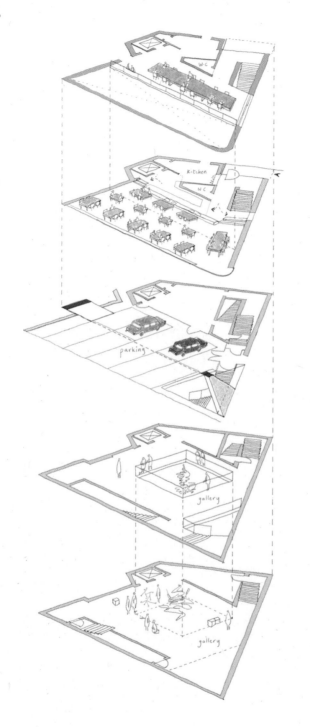

지상 2층 _ 사무실

지상 1층 _ 식당

반지하 _ 주차장, 보조 공간

지하 2층 _ 전시 공간

지하 3층 _ 전시 공간

투과를 조절하는 장치)를 통해 걸러져 들어와 은은하게 바뀐다. 이 공간은 이후 드라마 「사랑의 온도」에서 남자 주인공이 셰프로 일하는 레스토랑으로 나오기도 했다.

그렇다면 전시 공간은 어디 있는 거지? 주 프로그램인 전시 공간은 지하에서 찾을 수 있다. 전시 공간을 보기 위해 계단을 내려가다보면 밖에서 보았던 꼭짓점의 삼각형 구조를 안쪽에서 확인할 수 있다. 아하! 지하로 자연광을 끌어들이기 위한 장치였구나! 그리고 드디어 전시실이다. 전시실은 지하로 두 개 층으로 이루어져 있는데 지하인 점을 감안해 지하 2층 바닥의 중앙 부분이 크게 뚫려 있는 것을 볼 수 있다. 전시실 가장 아래층에서 보면 삼각형 계단 쪽 창과 위 전시 층의 빈 사각형 공간을 통해서 들어오는 빛이 인상적이다.

송원아트센터는 작은 건물이다. 서로 봐달라고 소리치는 듯 화려한 주변 건물들에 가려 언뜻 보면 눈에 띄지 않을 수도 있다. 하지만 찬찬히 들여다보면 보는 각도에 따라 의외로 다양한 모습을 보여주며, 새로운 공간과 특별한 요소들을 찾을 수 있다. 시간의 켜가 층층이 쌓인 북촌의 작은 삼각형 조각을 차지한 송원아트센터는 이곳에 어떤 화음을 더하고 있는가. 음악을 만드는 방법에는 익숙한 완전화음을 사용하는 방법도 있고, 다소 추상적인 불연속 화음을 활용하는 방법도 있다. 이 아름다운 도시 안에서 우리가 마음을 열어야 하는 이유다.

북촌의 파스타

가회헌
건축가 황두진(황두진건축사사무소)
건축 연도 2006

프랑스 사람들은 와인에 대한 자부심이 대단하다. 언젠가 프랑스인 지인에게 이탈리아 와인에 대해 물어봤다가 그가 거의 흥분하다시피 핏대를 올리며 프랑스 와인에 대해 일장 연설을 늘어놓아 깜짝 놀란 적이 있을 정도다. 요는 어떻게 프랑스 와인을 이탈리아의 것과 비교할 수 있느냐는 거였다. 아무튼 프랑스인의 삶에서 와인이 차지하는 비중은 엄청난데, 여기서 포인트는 좋은 와인을 맛보는 것뿐만 아니라 그에 대한 수다를 나누는 데에 있다. 그들은 와인을 앞에 두고 끝도 없이 이야기를 이어나간다. 먼저 색을 보고, 향을 느끼고, 마시며 맛을 음미하고, 그에 대한 수다를 떤다. 그 수다의 범위와 양은 너무나 방대해 한마디로 요약하기란 불가능하다. 쓴맛과 단맛의 균형, 상황과의 어울림, 꽃향, 과일향, 나무향, 흙향 등 와인 한 잔을 두고 수많은 이야기가 넘쳐흐른다. 프랑스어로는 와인의 이런 특징을 '콩플렉스complexe'라고 하는데, 우리말로는 '복합성' 정도로 해석할 수 있다. 그들은 색, 향, 맛 등 각 요소들이 하나하나 살아 있으면서 서로 균형을 잘 이룬 '콩플렉스한 와인'을 훌륭하다고 여긴다. 건축도 마찬가지다.

프랑스 건축가들과 와인 이야기를 나누다보면 종종 대화의 주제가 와인인지, 건축인지 헷갈릴 때가 있다. 좋은 건축, 좋은 도시는 균형잡힌 와인처럼 두루두루 빼어나고 한마디로 정의할 수 없는 복잡한 존재다. 현재를 사는 사람들의 다양한 욕망이 충돌하고 부서지고 새로 태어나는 곳, 모순조차 하나로 녹여내 새로운 풍경을 빚어내는 곳, 그것이 인간이 만들고 살아가는 도시다. 북촌의 한옥에 자리잡은 이탈리안 레스토랑 겸 베이커리 '가회헌'은 그런 복합성을 잘 보여주는 공간이다. 한식당으로 가려다가, 문득 한옥에서 프랑스 사람들이 파스타를 먹는 그림은 또 얼마나 '콩플렉스' 할지 실제로 보고 싶어져 가회헌으로 발길을 옮겼다.

가회헌은 지은 지 몇 년 안 된 한옥이다. 오래된 생활 한옥은 한뫼촌을 통해 보았으니, 최근의 한옥이 어떤 변주를 거듭하고 있는지 살피기에 가회헌은 꽤나 적당한 곳이다. 한옥을 옛 형태 그대로 재연하고 보존하는 것도 중요하지만, 창의적인 시각으로 새로운 콘셉트를 적용하는 것도 못지않게 중요하다. 가회헌을 설계한 건축가 황두진은 경복궁 옆 서촌에 터를 잡고 '동네 건축가'를 자청하며 '모던 한옥' 작업을 해오고 있다. 가회헌은 그가 진행해온 다양한 한옥 프로젝트의 면면을 살펴볼

Ça sent bon!

LA COMPLEXITÉ

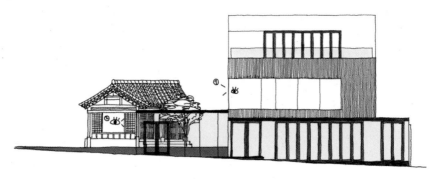

건물 정면 파사드

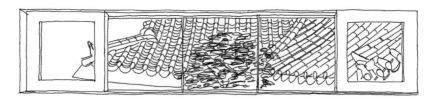

👁 - ① 현대식 본관건물에서 바라본 기와지붕 풍경

👁 - ② 한옥 별관에서 바라본 마당과 현대식 본관 건물

수 있는 좋은 예다.

이 모던 한옥에서 가장 인상적인 점은 본채인 현대식 건물과 별채인 한옥이 긴밀하게 연결되어 있는 부분이다. 형태부터 완전히 다른 두 건물이 마당을 사이에 두고 유기적으로 연결되어 있는데, 이질감보다는 마치 두 건물이 대화를 나누는 듯한 인상을 준다. 건축가가 두 건물이 조화롭게 어우러지도록 얼마나 고심했을지 느껴진다. 기분 좋은 인상을 간직한 채 걸음을 옮겨 안쪽으로 들어서면 전면의 유리 파사드를 거쳐 마당에 이르고, 한옥 처마를 보며 현대식 건물로 들어가는 동선이 물 흐르듯 자연스럽다. 대청마루를 보면서 소반에 파스타 접시가 올라간 모습을 상상해보았으나, 한옥 공간으로 들어가면 하얀 식탁보가 깔린 서양식 테이블과 의자가 등장한다. 이번에는 양반다리를 하고 앉지 않아도 돼서일까, 모두들 금세 공간에 적응하고 편하게 주위를 살펴보는 모습을 보며 마음을 놓았다.

사실 모던 한옥을 바라보는 시각은 다소 복잡하다. 전통을 충실하게 따르지 않았으니 모던 한옥은 진짜 한옥이 아니라는 의견도 많다. 전통 한옥 고유의 특징을 지키고자 하는 마음에서 나온 말임을 알기에 고루한 편견이라고 치부할 수만도 없다. 그러나 사람이 사는 공간, 즉 집은 변할 수밖에 없다. 라이프스타일과 시대에 따라 그 변화를 좋아하든 아쉬워하든, 어쨌든 변한다. 모던 한옥은 필연적인 변화가 반영된 '지금의 한옥', 프랑스인들도 편안하게 파스타와 와인을 즐기며 끊임없이 수다를 떨게 만드는 공간인 것이다. 전통 한옥은 그 자체로 완결작이라고 할 수 있지만, 그 위에 일상을 덧칠해 새로운 모던 한옥을 만드는 것은 즐겁고 또 필요한 일이다.

지금은 '한옥' 하면 아주 특별한 공간이 되었지만 나의 할머니, 할아버지만 해도 한옥에 사셨다. 불과 30년 전의 한옥은 지금 우리가 아는 북촌의 한옥과는 이미지가 전혀 다르다. 어렸을 적 방학을 맞아 시골집에 내려가면 온돌 바닥이 너무 뜨거워 잠을 설쳤고 건물 바깥에 위치한 '푸세식' 화장실이 무서워 요의를 참던 그 한옥이 내가 알던 한옥이다. 해가 지나면서 시골집에는 보일러가 들어왔고 화장실도 수세식으로 개조했지만 서울에 살던 내게 한옥은 여전히 살기 힘든 집이었다. 이제 다시 돌이켜보니 대대손손 살아온 그 한옥은 요즘 우리가 사는 아파트와 비교할 수 없는 가치를 가진 게 아니었을까. 30년 전 우리에게 안목이 있었다면 그렇게 헌신짝처럼 팽개치진 않았을 텐데 하는 생각이 든다.

일정상 아쉽게도 이번 여행에 포함하지 못했지만 CNN 등 해외 매체와 해외 유명 인사들이 먼저 찾아 유명해진 성북동의 한국가구박물관을 사전 답사했을 때도 그런 생각을 했었다. 2012년에는 이탈리아 명품 패션 브랜드 구찌의 91주년 특별 전시가 이곳에서 열렸는데 우리 고가구에 신상 구찌 가방을 진열한 전시는 신선했고 아름다웠다. 하지만 한국가구박물관에 전시되어 있는 자개장, 다리를 접었다 폈다 하는 작은 밥상들도 우리가 20, 30년 전에 집집마다 가지고 있던 천덕꾸러기 가구들이 아닌가. 1960년대부터 고가구를 수집해온 한국가구박물관의 정미숙 관장은 당시 우리가 미련 없이 내다버린 고가구들을 덕분에 싸게 구입할 수 있었다고 한다.

눈부신 고성장 시기를 지나 안정기를 맞으면서 시행착오를 통해 오래 남는 가치를 찾는 안목을 배워나가고 있다는 생각이 든다. 우리가 가진 것을 소중히 가꾸어 나가는 노력이 참 귀하다. 가회헌처럼 건축이 도시의 '콩플렉스'한 단면을 반영하기도 하고, 또 그 건축이 우리에게 질문을 던지기도 한다. 그때는 보지 못했던 가치를 이제 어떻게 가꾸어 나갈 것인가 하고.

우직하고
영원한 건축

아라아트센터
건축가 이민+손진(이손건축)
건축 연도 2012

유쾌한 건축가 손진을 만났다. 그가 일하는 이손건축 사무실에서는 경복궁 앞마당이 훤히 내다보인다. 창밖으로 궁을 감싸고 있는 인왕산 자락을 바라보면 땅의 기운이 실제로 존재한다는 것을 확실히 느낄 수 있다. 이손건축은 우리가 곧 가볼 아라아트센터를 설계하기도 했지만, 무엇보다 이 풍경을 프랑스 건축가들에게 꼭 보여주고 싶었다. 궁이 보이는 건축가의 사무실을 둘러볼 기회는 흔치 않으니 말이다.

이손건축에서 설계한 아라아트센터는 인사동에서 가장 큰 갤러리로, 지상 5층, 지하 4층으로 구성돼 있다. 규모가 크다고 하니 인사동 특유의 환경과 잘 어울릴지 궁금했는데, 큰 덩어리를 유리 블록과 불투명한 검은색 블록 둘로 나눠 마치 다른 건물인 양 전혀 다른 성격을 부여해

오히려 슬림하고 가벼워 보인다. 유리 블록은 전시 안내와 동선의 중심 역할을 하는 밝은 공간, 검은 블록은 자연광이 선택적으로 필요한 전시 공간이니 기능적으로도 꼭 들어맞는다. 큰길에서 조금만 벗어나도 거미줄처럼 유기적인 골목길로 연결된 오래된 동네, 인사동에 이렇게 덩치 큰 건물을 위화감 없이 앉히기 위해 건축가들이 얼마나 고심했을지 눈에 훤히 그려졌다.

아라아트센터의 진가는 지하 공간에 있다. 1층에서 지하 1층으로 내려가면 넓은 전시 공간이 펼쳐진다. 이어서 계속 지하 2층, 3층 그리고 4층으로 내려가면 최고 층고가 14미터에 달하는 공간이 나타난다. 지상 2층의 창을 통해 들어오는 자연광이 머리 위를 밝히고, 아득한 천장 꼭대기를 바라보고 서 있으면 전시 중인 작품보다 우선 공간에 감탄하고

감동을 받게 된다. 건축가 손진이 말한 '우직하고 영원한' 건축의 실체를 보는 듯하다. 보이지 않는 것이 뼈와 살을 얻어 눈앞에 나타날 때, 정신과 실물이 합일을 이룬 현장을 볼 때, 인간은 형언할 수 없는 감동을 받는다. 그저 하나의 건물일 뿐이지만, 이런 경험을 할 때 건축가들은 놀라움, 즐거움 그리고 고마움을 함께 느낀다.

리샤르 (해맑은 표정으로) 프랑스는 지하 공간에 대해 부정적인데 서울에서는 지하 공간을 많이 활용하네. 이유가 뭐야? 북한 때문에 그래?

민희 (당황한 기색으로) 우리나라 지형이 워낙 굴곡지다보니 자연적으로 한쪽은 지상층이라도 반대쪽은 땅에 묻히는 경우가 많아요. 아라아트센터는 그런 경우는 아니고, 한정된 대지에서 최대한 많은 면적을 빼려고 하다보니 여러 층의 지하 전시 공간이 생긴 거예요.

자크 드 코르몽 나 어제 혼자 잠이 안 와서 밤에 종로를 돌아다녔는데 지하도로 내려가면 통로로 다 연결되어 있어서 정말 신기했어!!

지하 4층 가장 깊숙한 곳에 서서 빛이 들어오는 방향을 보면 우리를 여기까지 안내한 계단이 보인다. 그 자체로 조각 작품이라 해도 무리가

없을 정도로 조형적이고 아름답다. 계단의 저 끝 위에서 빛이 쏟아져 지하 깊은 곳까지 비춘다. 계단과 공간이 워낙 독특하다보니 이를 어떻게 활용하면 좋을지 여기저기서 아이디어가 쏟아졌다. 계단을 따라 모델이 워킹을 하면 패션쇼 런웨이가 될 것 같다, 지하 공간에서 퍼포먼스를 하고 관람객들은 계단을 쭉 따라 앉아도 장관이겠다 등등. 땅속 깊은 곳까지 그 발끝을 드리운 햇살에 우리 모두 다시 아침을 맞이하는 것처럼 깨어나는 기분이었다.

일행들이 두런두런 이야기를 나누는 모습을 뒤에서 보고 있으니 나흘 전만 해도 서로 알지 못했던 사람들이 하나의 관심사로 저 멀리 프랑스에서 여기 서울의 한 공간에 있다는 게 새삼 신기했다. 이처럼 삶은 때때로 우리를 전혀 예상하지 못한 곳으로 이끈다. 아라아트센터도 오래오래 살아남아 경이로운 순간을 계속 맞이하길 바란다.

서울을
엽서에 담는다면

동대문디자인플라자(DDP)
건축가 자하 하디드Zaha HADID
건축 연도 2014

지하철 2호선과 5호선이 만나는 동대문역사문화공원역에 내려 1번 출구로 올라가면, 어마어마하게 큰 우주선의 입구 앞에 선 느낌을 받게 된다. 천천히 지상으로 나아가면 유려한 은빛 곡선이 휘감은 외계에서 떨어진 생명체 같은 커다란 덩어리가 나타난다. 한눈에 형태를 가늠할 수 없는 이 너무나 낯선 건물은 보자마자 호기심을 자극한다. 동시에 이렇게 정체를 알 수 없는 느낌을 주니 이곳에 대해 그토록 말이 많았구나 싶기도 하다. 동대문이 코앞에 있는, 서울 역사의 한복판을 가르는 유서 깊은 장소를 차지한 이 건물의 이질성, 엄청난 규모를 차근차근 셈해보니 얼마나 많은 충돌을 겪으며 비로소 이 육중한 몸을 뉘었을까 머릿속이 복잡해진다.

대지 면적 6만 2,692제곱미터, 운영준비비와 건축비 등 총 경비는 애초에 세운 예산을 세 배나 초과한 약 4,840억 원. 완공 이후의 운영 방향도 안갯속처럼 흐릿하던 시기, 우려와 비난의 화살은 공사 주체인 서울시뿐만 아니라 건축가 자하 하디드에게도 향했다. 동대문운동장이라는 장소의 고유한 맥락, 서울이라는 도시에 대해 제대로 이해하지 못한 설계라는 비난이 특히 많았다. 2016년 갑작스레 세상을 떠난 하디드는 세계 곳곳에 그녀가 디자인한 건물이 있을 정도로 현 세대에서 가장 유명한 '스타 건축가' 중 한 명이었다. 유명 건축가들이 으레 그렇듯 하디드 역시 시그니처 스타일이 있는데, DDP 설계안이 공개된 후부터 그 범주를 벗어나지 못했을 뿐만 아니라 부지와 도시 환경과 스토리를 존중하고 연구한 흔적이 보이지 않는다는 비판이 따랐다. 스타 건축가의 유명세에만 기댄 졸속 행정이라는 비난도 끊이지 않았다. 이런 반응에 대해 일행은 어떻게 생각하는지 궁금했는데, 자크 에스테르는 이런 말을 했다.

"스타 건축가가 도시의 랜드마크가 될 대형 프로젝트들을 독점하다시피 하는 것은 서울뿐만 아니라 세계 여러 도시에서 흔히 볼 수 있는 현상이야. 그러다보니 정작 현지에 살고 있는 건축가들은 그런 프로젝트에 당사자로서 참여할 기회조차 얻지 못해 목소리가 높아지는 것은 어찌 보면 당연한 일이지."

소위 스타 건축가가 탄생한 시기는 1970년대 후반으로 거슬러올라간다. 세계의 여러 도시에서 야심 찬 건축 프로젝트를 추진하면서 다수의 국제 공모전이 열렸고, 유명 공모전에 당선된 건축가는 유명세를 얻으며 스타로 떠올랐다. 랜드마크 건축물이 도시를 살려낸 신화적인 성공담이 회자되며 이런 경향은 더 심화됐다. 프랭크 게리가 설계한 구겐

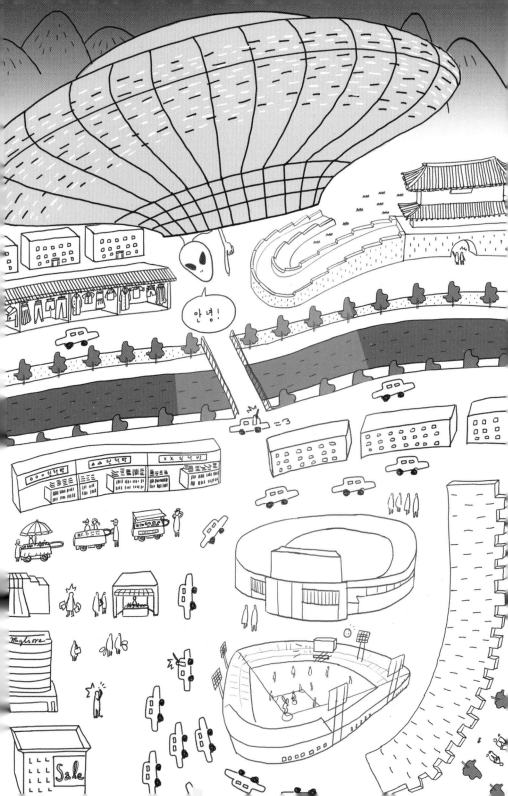

하임 미술관이 들어서면서 경제가 활성화되고 도시 재생에 성공한 스페인의 빌바오가 그 성공적인 예다. 빌바오 구겐하임 미술관이 완공되고 5년 후, 미술관이 도시에 가져다준 경제적 효과가 1억 6,800만 유로(약 2,150억 원)로 추정되었으니 전 세계 시장들이 같은 꿈을 꾸었을 법도 하다. 이후 프랑스 북부 지방의 랑스Lens라는 도시에는 2013년 세계적인 일본 건축가 세지마 가즈요妹島和世가 설계한 루브르 박물관 분점이 문을 열었다. 또한 알자스 지방의 메츠Metz에는 퐁피두센터가, 영국 리버풀에는 테이트 갤러리 분점이 들어섰다.

이렇게 큰 규모의 건축물을 성공적으로 이끌어내기 위해서는 뛰어난 건축가의 역할 못지않게 시의 역할도 중요하다. DDP의 경우, 서울시가 구체적인 가이드라인을 제시하지 못하고 스타 건축가에게 휘둘린 결과물이라는 비난에서 자유롭지 못했다. 공모에서 당선된 안을 구체화하는 길은 너무나 험난하고, 그 여정은 지난하기 짝이 없다. 프로젝트의 중심인 도시 측에서는 끊임없이 의문을 던지고 수정을 요구하게 마련이며, 건축가는 그 요구에 치밀하게 답하며 설계안을 수도 없이 고치고 또 고친다. DDP가 지금의 모습으로 완성된 것은 그런 조정을 거친 결과이므로, 건축가 한 사람에게 책임을 전가하는 것은 건축의 본질을 모르고 하는 이야기다.

이런저런 구설수가 많긴 했지만, DDP는 결국 서울 시민의 것이다. 실제로 DDP가 완공된 후 초기에는 서울 한복판에 떨어진 UFO 같다는 반응이 많았지만, 이제 DDP는 서울 어디에서도 볼 수 없는 독특한 개성으로 강렬한 존재감을 과시하고 있으며, 콘텐츠의 부재에 대한 우려

는 양질의 전시와 패션쇼 등 다양한 프로그램과 이벤트로 차츰 불식되고 있다. 프랑스에서 온 일행은 이곳이 결국 서울을 대표하는 랜드마크이자 다음 세대에 남길 유산이 될 것이라는 반응을 보였다.

"고속도로처럼 넓은 길을 건너는 사람들을 봐. 뾰족구두를 신은 우아한 여성들이 한 손으로는 스마트폰을 만지며, 다른 손에는 스타벅스 컵을 들고 바삐 걷고 있어."

리샤르가 DDP 건너편에 길을 건너려고 잠시 멈춘 사람들을 바라보며 말했다. 마치 '준비, 땅!' 하면 100미터 달리기라도 시작할 것 같은 모습이다.

민희 외국 사람들이 듣기에 한국 사람들이 자주 쓰는 말이 '빨리빨

리'라고 들었어.

리샤르 응. 그게 바로 한강의 기적을 이루게 한 힘이겠지. 한국을 찾는 외국인들은 홍콩에서와 같은 수직 불빛을 보러 오는 것도 아니고, 방콕에서처럼 신비로운 불교 사원을 보러 오는 것도 아닐 거야. 미래를 향해 달리는 도전적인 도시에서 나오는 불안정하지만 엄청난 에너지를 들이마시는 이 기분이 서울을 찾는 이유가 아닐까.

우리는 오늘 하루가 마치 이 생의 마지막 날이라도 되듯 길을 재촉하는 서울 사람들을 바라보았다.

건물은 아직 완공이 되지 않은 채, 빛을 뿜고 있었다. 이리저리 둘러보며 길을 잃어도 여유가 있는 해질 무렵의 시간이었다. 새 건물에서 열리는 작은 전시의 마지막 날이라 이날의 마지막 일정으로 잡았다. 마침 UIA(세계건축가연맹)에서 주최하는 건축 전시였다. 전시장을 통해 본 내부 공간은 유기체적인 외부 디자인의 연속이다. 물이 흐르는 듯한 동선과 비정형 형태의 입구 디자인까지 일관된 디자인 코드를 볼 수 있었다.

민희 아직 완공되지 않아서 내부에 들어가보지 못하는 점이 안타깝다고 생각했는데 마침 작은 건축 전시가 있다고 해서 다행이에요.

미셸 아~! 그래서 오늘 이곳에 온 거구나. 그런데 나는 낮에 다시 한 번 와보고 싶어. 해가 없어서 사진을 찍기가 어려워서 말이야. 일정 중에 잠깐 다시 들를 수 없을까? 아주 잠깐만 내려서 사진만 찍을 수 있게 해줘~!

안국역 근처에 있는 호텔에서 그리 멀지 않으니 안 될 이유가 없다. 순간 아마도 어떤 대단한 건축 전시가 있다고 해도 이 건물이 만들어내는 광경을 압도하기는 힘들다는 것을 깨달았다.

어떻게 이들에게 DDP를 소개할까 하고 한국 언론의 기사들을 찾아봤더니 온통 부정적인 내용이었다. 이곳을 호의적으로 소개하고 싶은 마음이 앞섰지만 그런 여론을 전하지 않을 수 없었다.

민희 기사마다, 또 만나는 건축가마다 이 야심 찬 당선작을 좋아하는 것 같지 않다는 인상을 받았어요. 기사는 대부분 5천억 원이라는 천문학적인 예산을 문제 삼고 있고, 한국 건축가들은 우리가 서울의 옛 성곽 터를 잘 보존하지 못했다고 비판해요.

자크 에스테르 음…… 아마 문을 열기 전이라 긴장감이 최고조에 달해 있을 거야. 이 프로젝트를 준비한 쪽도, 외부에서 지켜보는 사람들도 가장 신경이 날카로울 때지.

르네 우젝 개관을 하고 많은 사람들이 이용을 하게 되면 달라질 거야. DDP는 머지않아 서울을 대표하는 이미지가 될걸.

이번 여행을 준비하면서 한국 건축가들에게 조언을 구할 때마다 답사 목록에 외국인 건축가가 설계한 건물이 왜 이렇게 많으냐는 질문을 받았다. MA와 프로그램을 상의할 때는 그것이 전혀 중요한 이슈가 아니었는데, 한국 사람들은 열이면 열 고궁이나 절 등 좀더 한국적인 건축물을 답사 프로그램에 넣고 한국인 건축가가 설계한 건물을 더 많이 소개하라는 얘기를 했다. 그 점에 대한 고민이 없었던 것은 아니다. 다만 생각이 달랐을 뿐이다. 어떤 이가 설계를 했는지 상관없이 지금 서울을 구성하고 있는 현대 건축물 중 중요하고 의미 있는 것들을 살펴보는 게 더 중요하다고 여겼고 그것을 이 여행의 원칙으로 삼았다.

파리의 대표적인 건축물인 루브르 박물관 앞의 유리 피라미드는 중국계 미국인 I.M. 페이I. M. Pei가 설계했고, 퐁피두센터는 영국과 이탈리아 건축가의 합작품이다. 라데팡스의 신개선문은 덴마크의 건축가 요한 오토 폰 스프레켈센Johan Otto von Spreckelsen이 디자인했다. 다른 나라 출신의 건축가들이 작업을 이끌었지만, 이것들은 엄연히 파리의 것이며, 파리 시민의 자산이다. 도시는 거대한 유기체다. 무엇이 어떻게 뒤섞일지 알 수 없는 용광로다. 설계자가 다른 나라 사람이라고 해서 서울의 건축이 서울의 것이 아니라는 시선은 버려야 한다. DDP도 마찬가지다. 이 낯선 공간도 결국 우리의 것이란 이야기다.

도 심 속
한 가 로 운 산 책

청계천
디자인 김미경
건축 연도 2007

저녁 어스름이 낮게 깔리는 시간, 우리는 동대문을 뒤로하고 청계천을 따라 시청 방향으로 걸었다. 아침 일찍부터 바삐 움직이며 많은 것을 보고 느낀 터라 적당한 피로감이 뿌듯하게 느껴지는 저녁 시간이었다. 아이들과 저녁 산책을 나온 사람들, 일과를 마치고 퇴근하는 직장인들과 뒤섞여 앞서거니 뒤서거니 걷는 일행의 표정이 평화로웠다. 양쪽에 늘어선 고층 빌딩들이 그리는 능선을 눈으로 그려보며, 물 흐르는 소리를 들으며 천천히, 천천히 걸었다.

일행들은 겨우 며칠을 함께 보냈을 뿐인데, 어느새 다들 친해졌다. 몇 달 전부터 한국 현대건축 여행 프로그램을 함께 준비했던 MA 회장 미셸과 나는 좀더 각별해졌다. 미셸은 MA 회장직을 맡고 있기는 하지만 사실 건축가라기보다는 정치인에 가깝다. 성향은 왼쪽. MA의 정치적

포지션도 비슷하다. MA는 일부 대도시에만 성장이 집중되는 것을 막고자 하며 균형잡힌 발전과 분배를 추구한다. 그도 그럴 것이 프랑스의 수도 파리는 일드프랑스 지역의 일부에 불과하지만 각종 정치·경제적 지원과 예산이 집중되어 있어 구조적 편중 문제가 심각하기 때문이다. 일례로 파리의 대표적 건축 기관인 파비용 아르스날Pavillon de l'Arsenal은 일드프랑스 지역 전체를 아우르는 MA보다 열 배 이상 많은 예산을 집행한다. 파리 등 주요 대도시 외의 지역은 상대적으로 발전이 더디고 낙후된 것이 현실이다. '파리와 주변 지역 사이의 격차를 어떻게 줄일 것인가'는 실제로 지난 10여 년간 프랑스 사회의 주요 이슈였으며, 현재진행형 과제이기도 하다. MA 회장으로서 그런 일에 매진해온 미셸의 눈에 청계천은 어떻게 보일까?

미셸 청계천 산책로는 정말 놀라운 프로젝트야. 프랑스였다면 이 정도로 규모가 큰 프로젝트는 계획부터 실행까지 아마 30년은 족히 걸렸을 텐데. 중간에 변수가 생겨서 아예 멈췄을 수도 있고. 너무 빠르게 진행돼 민주적인 절차와 의견을 수렴하고 제대로 토론을 거쳤을지 의문이긴 하지만, 다른 한편으로는 한국인들의 추진력이 부럽군. 그리고 사실 가장 놀라운 것은 낙서가 하나도 없다는 점이야. 프랑스라면 온통 낙서로 뒤덮였을 텐데 한국의 공공 공간은 참 깨끗해. 시민들이 지켜줘야 공공에 더 많은 공간을 개방할 수 있는데 서울은 그게 가능한 도시 같아.

프랑스의 공공 공간은 이른바 '반달리즘vandalism' 때문에 관리하는 데 어려움이 많다. 언젠가 파리에 들어설 사무용 건물 설계에 참여한 적이 있는데, 수용 인원이 1,800명에 달하는 대규모 빌딩인데도 건축주의 요청에 따라 입구는 단 하나만 내야 했다. 그것도 120도 간격으로 세 칸의 문이 돌아가는 회전문이었는데, 건축주는 회전문의 공간 일부가 외부에 노출되는 것조차 원치 않았다. 야간에 취객이나 노숙자가 들어올 수 있다는 것이 이유였다. 결국 밤에는 덧문으로 회전문을 완전히 막는 시스템을 새로 설계해야 했다. 지나치게 방어적인 태도로 보일 수도 있지만, 프랑스에선 흔한 광경이다. 그러니 낙서나 그라피티 따위는 찾을 수 없는 청계천 풍경에 미셸이 놀라워할 만도 하다.

청계천은 본래 자연하천이었다. 해마다 침수 피해가 반복되자 1930년대부터 복개사업이 진행되었다. 1970년대에는 청계고가도로가 완공되어 하천은 지하수구가 되고 이중의 도로가 만들어졌다. 그러다 환경오염과 고가도로 노후에 따른 안전문제가 지속적으로 대두되어 이명박 당시 서울시장은 청계천 복원사업을 추진하게 되었다. 2003년 7월부터 2005년 9월까지 고가도로를 철거하고 복개를 걷어내기로 한 것이다. 이 사업으로 5.8킬로미터에 이르는 하천이 복원되어 서울 도심 종로구 한가운데에 녹지와 휴식공간이 만들어졌다.

이런 긍정적인 평가가 있는 한편으로 복원사업에 대한 부정적인 평가도 있다. 현재 청계천은 물의 양이 적기 때문에 전기를 이용해 한강수와 지하수를 끌어올려 쓰고 있는데 여기에 드는 전기료만 한 해 평균

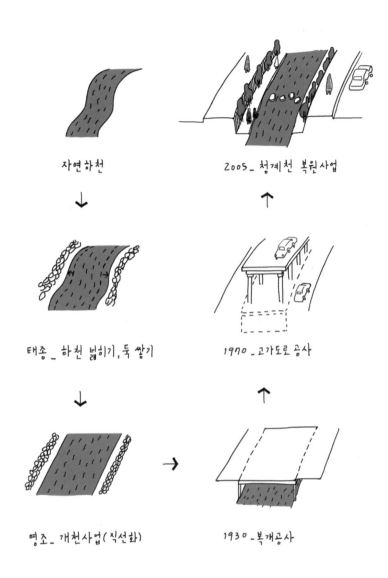

자연하천

2005_ 청계천 복원사업

태종 _ 하천 넓히기, 둑 쌓기

1970 _ 고가도로 공사

영조_ 개천사업(직선화)

1930 _복개공사

청계천의 역사

8억에 달하기 때문이다. 뿐만 아니라 2011년 한 해에만 관리비로 80억 원이 지출되는 등 녹조 제거, 토목, 조경시설 관리유지비로 들어가는 예산도 만만치 않다. 거기에 복원사업을 무리하게 진행하다보니 정작 유적 복원은 날림으로 진행되었다는 평가도 있다.

이러한 문제를 개선하고자 서울시에서는 2050년까지 장기적인 계획을 가지고 청계천의 역사와 전통을 되살리고자 하는 프로젝트를 진행 중이다. 이 계획에 따르면 2018년까지 인공보를 철거하고 2030년까지 수표교 등의 유적을 제자리에 옮겨놓을 예정이다.

어느덧 청계천 초입이다. 청계천 입구는 공모전에서 당선된 조경디자이너 김미경이 디자인했는데, 당시 공모전의 주요 지침은 '남북통일의 미래를 축복'하는 내용을 담으라는 것이었다고 한다. 청계천 물길의 출발점이자 광화문과 시청 등이 밀집한 서울의 심장부라는 부지의 특성을 살리면서 '통일'이라는 추상적 테마를 조경으로 풀어내기가 쉽지 않았을 것이다.

디자이너는 젊고 세련된 제안을 내놓았다. 한반도 땅의 기운을 상징하는 돌을 남과 북 팔도에서 기증받아 물이 흘러나오는 길목에 배치한 것이다. 각각의 물줄기는 결국 하나로 모여 흐르고, 이는 자연스레 통일을 연상케 한다. 말하고자 하는 바를 대놓고 드러내지 않아 오히려 편하고 품격 있는 조경이 완성된 것 같다. 사람들에게 필요한 것은 이런 편안함과 자연스러움이다. 공공디자인, 도시디자인이 갑작스레 정치인들의 슬로건으로 등장하면서 다소 본질에서 비껴난 느낌이 있는 것도 사

실이지만, 수많은 시행착오 속에서도 노력하는 이들이 결국 올바른 길을 만들어낼 것이라 믿는다.

청계천을 걸으며 미셸과 이런저런 이야기를 주고받았다. 미셸은 MA에서 기획한 네 번의 건축 여행에 모두 참여했다고 했다. 그는 매년 건축답사 여행기에 기획뿐 아니라 직접 참여하는 것이 스스로에게 주는 선물이라고 했다. 주최하는 MA의 대표자이지만 적지 않은 여행비를 지출해야 하므로 매해 여행에 참여하는 것은 쉽지 않은 일이다. 안내하는 입장으로 서울에 오게 되니 나도 서울이 달라보였다. 무관심하게 지나치던 것도 여행자의 시선으로 보니 새롭다. 다 안다고 생각했던 것도, 빤하다고 지나치던 것도 여행자의 시선으로 보면 다르다. 일상과 여행으로 삶을 구분하면 일상은 다람쥐 쳇바퀴 도는 것 같은 암울한, 언제든 도피하고 싶은 삶의 부분이고 여행은 일탈, 오아시스, 달콤한 사탕이다. 그런데 나에게는 일상인 이 도시가 누군가에게는 일탈, 오아시스, 달콤한 사탕인 것이다.

돌고 돌며
이어지는 길

쌈지길
건축가 최문규(가아건축사사무소)
건축 연도 2004

숙소로 돌아가는 길에 얀, 두남과 함께 인사동에 들르기로 했다. 경복
궁과 경희궁 사이에 위치한 인사동은 조선시대에 종친의 사저와 관청
에 근무하던 양반들의 거처가 있던 지역이었다. 그러던 것이 조선 중기
이후 지역 인구가 증가하면서 도로변에는 서민이, 그 안쪽으로는 양반
이 거주하는 형태로 바뀌었고, 구한말에 이르러 일본인 골동품 구매자
들이 자리를 잡으면서 골동품 상가가 형성되었다. 이후 1930년대에 고
서적, 고미술품을 취급하는 고서점이 들어섰고 1970년대에는 현대미
술을 전시하는 화랑들이 문을 열면서 오늘날 문화상품 거래 지역으로
그 특색을 굳혔다. 서울시가 인사동에 관심을 가지기 시작한 것은 이즈
음인 1970년대 말이다. 도시계획이나 환경개선 계획을 추진했지만 규
제 일변도의 정책이 시민들의 반대에 부딪혀 제자리걸음이었다. 그러다

1997년에 주말에는 '차 없는 거리'로 지정하고 각종 이벤트를 펼치면서 큰 호응을 얻게 된다. 2000년에는 건축가이자 도시계획가 김진애 박사가 대대적인 환경개선 작업을 펼쳐 오늘날의 모습에 이르게 되었다.

쌈지길은 인사동길에 위치해 접근성이 좋지만 입구 안쪽으로 들어가지 않으면 그 진면목을 느낄 수 없다. 이곳은 램프를 통해 건물 전체를 돌아가면서 서서히 올라가도록 돼 있기 때문이다. 얀, 두남, 파체 부자와 함께 둘러본 인사동 쌈지길의 아이덴티티는 마당과 길, 이 두 가지로 정의할 수 있다. 입구에 들어서면 바로 마당으로 연결되고, 여기를 통해 '오름'이라 불리는 길에 올라설 수 있다. 오름은 반* 외부 공간으로 마당을 향해 탁 트여 있어 주변 경관과 날씨를 고스란히 느낄 수 있다. 오

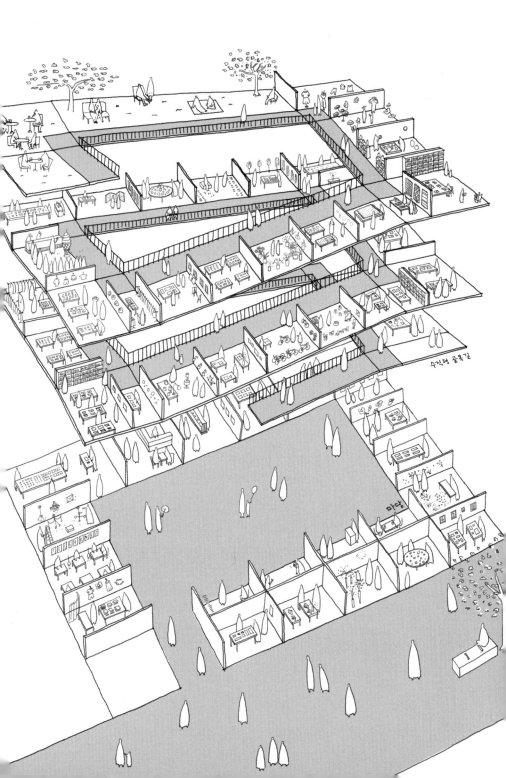

수직현 골목길

마당

름길을 따라 한쪽으로는 다양한 상점들이 있는데, 이 덕분에 건물 안을 다니는 것이 거리를 걷는 감각과 거의 흡사해져 여타 상가와는 전혀 다른 공간 경험을 할 수 있다.

얀은 건축가의 '생각'이 새로운 길을 만들었다고 했다. 쌈지길의 경우 건축이 길이 될 수 있다는 생각의 구현이다. 인사동의 매력은 역시 좁은 골목길이 많다는 데에 있다. 골목길에는 작은 가게들이 있고 가게들 사이로 또 새로운 골목길이 있다. 그 골목길로 들어서면 또 새로운 작은 가게들이 나타난다. 건축가는 이 작은 가게들을 어떻게 하면 1층에서 2층으로, 2층에서 3층으로 자연스럽게 올릴 수 있을까를 생각했다. 그래서 1층, 2층, 3층으로 나뉜 건물이 아니라, 여러 층이 길을 따라 연결된 건물을 설계했다.

> **얀** 처음에 계단으로 시작되는 길을 가다보면 어느새 4층에 있는 나를 발견하게 돼! 윗길에서 아랫길을 볼 수도 있고, 또 길에서 서로를 볼 수도 있어. 건물이라기보다는 길의 풍경이야!
>
> **민희** 유럽에서는 한 건물 안에 상가가 1층에 있고, 2층, 3층, 4층에는 아파트가 있는 경우가 일반적이지만 서울에서 상업건물은 전 층이 상가인 경우가 많아. 그러다보니 같은 건물이라도 접근성이 높은 1층의 상가가 위층의 상가보다 임대료가 비싸지.
>
> **조반니** 긴 길을 만들어 모든 상가들이 1층에 있는 것처럼 접근성이 좋으니 임대료도 더 많이 받을 수 있지 않을까? 건축가의 아이디어로 건축주도 손해를 보지는 않았겠군.

대부분 한국이 처음인 다른 일행과 달리 얀과 두남, 두 사람은 여러 번 한국에 온 적이 있다. 두남의 고향이 부산이기 때문이다. 얀이 한국에 처음 왔을 때 얘기는 언제 들어도 재미있다.

얀 2007년 한국에 처음 왔는데, 그때 난 정말 내가 미래로 온 줄 알았어. 내가 태어나 자란 낭시는 정말 작은 도시거든. 밤이 깊어도 꺼지지 않는 서울의 불빛이 너무 신기하더라고. 한국인들은 첨단 기술을 활용하는 것을 두려워하지 않는 것 같아. 여기서는 시간이 정말 빨리 가는 것 같아. 매번 올 때마다 변해 있는 것도 신기해.

민희 (얀과 두남에게) 둘은 어떻게 만났어?

두남 우리는 2001년 낭시 건축학교에서 만났어. 둘 다 신입생이었지만 나는 유학생이었기 때문에 동급생보다 나이가 많았지. 그래서 얀보다 내가 누나야.

얀 처음에는 같은 아틀리에에서 공부하는 친구였어. 이번에 같이 여행 온 파체 선생님이 지도하는 아틀리에에서도 함께 공부했지. 그러다 서로 반하게 됐어. 학교를 마치고도 파체 선생님 사무실에서 같이 일을 했고, 선생님 사무실을 떠나면서 세계 여행을 하기로 했어.

두남 5개월 동안 세계 여행하고 돌아와 우리만의 사무실을 열었어.

얀은 1984년생, 두남 씨는 1978년생, 사무실을 연 해가 2008년이니까 얀이 스물넷, 두남 씨가 서른이 되던 해다.

민희 우와! 광장하다. 젊은 나이에 어떻게 사무실 열 생각을 했어?

얀 초기에는 파체 선생님과 협업하는 방식이었어. 늘 많이 배우고 있어. 예전부터 선생님과 함께 한국 여행을 하고 싶었던 참에 이번 기회에 건축학교 학생인 파체 선생님 아들과 넷이 여행에 참여하게 됐어.

두남 내가 부산 출신이고 한국에서 건축을 전공하지 않아서 서울을 안내할 자신이 없었거든. 이런 기회가 있어서 참 잘됐어.

부산 여자와 낭시 남자는 대학교 신입생으로 만났을 때, 서로 부부의 연을 맺게 될 줄 알았을까. 인연이란 참 신기하다. 아무튼 나로서는 그룹에 한국인 두남 씨가 있어 참 좋았다. 한국인과 사랑에 빠진 얀도 그리고 든든한 파체 선생님도. 끈끈한 가족애가 느껴진달까, 여행 내내 이들은 내게 아군 같은 존재였다.

DAY-4

강남 스타일

메종 에르메스
앤 드뤼미스터 숍

Oh!
GangNam!

한옥에서 영감을 받은
에르메스

메종 에르메스
건축가 르나 뒤마Rena DUMAS
건축 연도 2006

강남은 드라마틱한 공간이다. 한 나라의 경제성장 과정이 이렇게 고스란히 압축된 공간을 어디서 또 볼 수 있을까? 얀의 표현을 빌리자면 '시간을 앞서 달려간 미래도시' 같은 곳. 계획된 카오스라는 뜨거운 모순이 여기 강남에 흩뿌려져 있다. 이런 강남의 드라마를 직접적으로 느낄 수 있는 곳을 찾는 것은 쉽지 않았다. 일정을 짜면서 강남 답사가 가장 고민이었던 이유다. 강남은 언뜻 보기엔 무척 화려하지만 의외로 건축적으로 흥미로운 건물이 별로 없어서 놀랍기도 했다. 이토록 수많은 건물들이 들어서 있는데 흥미로운 건물 찾기가 어렵다니. 게다가 강북 사대문 안에서는 산책하듯이 걸어서 이동할 수 있었지만 여기서는 그럴 수가 없다. 강남은 도시 구조 자체가 건물과 자동차 위주라 보행자들에게 매우 불친절하다.

한강을 건너 강남대로와 테헤란로를 거쳐 도산공원으로 향했다. 오늘의 첫번째 방문지인 메종 에르메스에 가기 위해서다. 몇 년 전부터 여러 글로벌 패션 브랜드들이 도산공원 근처에 플래그십 스토어를 열면서 이 일대는 서울의 최신 건축 흐름을 볼 수 있는 전시장이라 해도 과언이 아니다. 그중에서도 메종 에르메스를 방문지로 선택한 이유는 설계 시 한옥을 재해석해 적용했다는 얘기를 들었기 때문이다.

1837년 마구 사업으로 출발한 에르메스는 이후 여행용품, 가방, 패션은 물론 홈 라인까지 사업을 확장해 가구, 패브릭, 벽지, 식기 등 유럽인들의 라이프스타일 전반에 오랜 세월에 걸쳐 개입해온 최고급 브랜드다. 에르메스의 전 회장 장루이 뒤마의 부인이기도 한 르나 뒤마는 인테리어, 건축 분야에서 활약하고 있는데, 파리 인근 팡탱Pantin에 있는 에르메스 공방을 설계하고, 1980년대 피터 콜스Peter Coles와 함께 접이식 가구 '피파Pippa' 시리즈 등을 디자인한 것으로 잘 알려져 있다. 바로 그 르나 뒤마가 메종 에르메스 서울을 설계했다고 하니, 그 현장을 프랑스에서 온 건축가들과 함께 둘러보는 것도 흔치 않은 재미난 기회인 듯했다. 그래서 이곳 메종 에르메스 서울을 강남 건축답사의 첫번째 목적지로 삼았다.

메종 에르메스는 전 세계 다섯 개 도시에 있다. 파리, 뉴욕, 도쿄에 이어 서울이 네번째였고, 이후 2014년 상하이에도 문을 열었다. 파리와 뉴욕의 에르메스는 르나 뒤마의 건축사무소인 RDAI에서 리모델링을 했고, 도쿄 긴자의 메종 에르메스는 이탈리아 출신의 스타 건축가 렌초

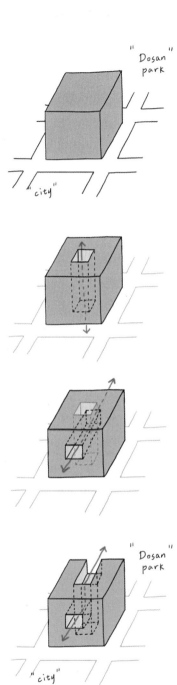

피아노_{Renzo Piano}가 설계했다.

앞서 말한 대로 메종 에르메스 서울은 르나 뒤마 건축사무소에서 직접 디자인했다. 르나 뒤마는 메종 에르메스 서울이 들어설 부지를 처음 보자마자 바로 주변 환경에 매료됐다고 한다. 근처에 있는 도산공원은 작지만 매력적이다. 르나 뒤마는 사면이 모두 도로에 접한 사각형 대지를 보면서 직감적으로 사각형 평면에 위로 올라가면서 큐브가 살짝 열리는 방식의 건물을 떠올렸다. 그리고 한국의 전통건축 양식을 유심히 살펴봤다. 그 결과 한옥의 마당처럼 건물 안에 사방으로 열린 정원과 테라스를 만들고, 또 도산공원을 향해서도 열린 제스처를 취하는 방법을 찾아냈다. 꼭대기 두 층의 경우, 도산공원 방향으로 가운데 부분이 잘린 U자 모양의 평면으로 설계했다. 사무실로 사용되는 상층부에서는 파사드를 통해 공원을 바라보게 되고, U자의 빈 부분은 테라스가 된다.

르나 뒤마는 프랑스의 경제 일간지 『레제코_{Les Echos}』와 한 인터뷰에서 가장 좋아하는 프로젝트를 묻는 질문에 이렇게 답했다.

그 질문은 내 다섯 명의 손주들 중에 누구를 제일 좋아하냐고 묻는 거나 마찬가지로 답하기 힘들군요! 2001년 도쿄 긴자에 들어선 메종 에르메스가 있지요. 프리츠커상 수상자인 렌초 피아노와의 협업으로 저희에겐 상징적인 프로젝트였어요. 그리고 서울의 메종 에르메스예요. 2006년에 완공된 6,000제곱미터 규모의 건물에 대표 사무실과 부티크가 있어요. 처음으로 저희 팀이 건축 프로젝트

를 수행한 거죠. (중략) 건물은 우아한 큐브 형태로, 흰색과 금색으로 프린트된 유리 파사드가 빛을 받아 반짝여요. 내부는 밝고 어두운 공간이 교차돼요. 공사를 마쳤을 때, 저는 완성된 건물 앞에서 엄청난 기쁨을 느꼈어요.

_『레제코』 2007년 10월 12일자 인터뷰에서

르나 뒤마의 인터뷰를 일행에게 전하며 메종 에르메스 서울로 들어섰다. 역시나 마당을 해석한 방식이 매우 독특하다. 건물은 사각의 박스형 볼륨과 그 가운데의 빈 사각형 공간으로 구성됐다. 중앙의 빈 'ㅁ'자 형태의 공간은 지상뿐만 아니라 지하까지 수직으로 연결된다. 사각 평면 위아래로 뚫린 정원과 함께 건물 옆면에도 사각형 구멍이 나 있다. 수직으로 뻗은 빈 공간 하나는 위아래로, 다른 하나는 좌우로 건물을 가로지른다. 마지막으로 세번째 빈 공간이자 마당은 바로 도산공원이다. 건물 상층부에는 두 개의 수직 타워가 솟아 있는데 그중 더 높은 하나는 도산공원을 향해 열려 있고 나머지 하나는 도시를 향해 열려 있다.

이렇게 뚫린 빈 공간은 자연광을 최대한 끌어들이면서 건물에 독특한 아이덴티티를 부여한다. 그렇게 여러 방향으로 열린 공간은 자연스럽게 브리지, 테라스, 중정Patio 기능을 해 건물 안을 오갈 때면 마치 산책하는 것처럼 느껴진다. 메종 에르메스에는 매장 외에도 카페, 갤러리, 사무실 등 여러 공간이 들어서 있는데, 지하에 있는 카페의 이름이 '마당'이다. 사람들이 오가며 만나는 공간이라는 점에서 카페와 마당이 일맥상통하는 부분이 있다는 것을 그들도 느낀 것일까? 건축가의 위트가

느껴지는 부분이다.

좀더 디테일하게 살펴보면 인테리어에 일반적인 공간에선 잘 사용하지 않는 재료들을 과감하게 활용한 것도 눈에 띈다. 그중 나선형 계단의 난간이 인상적이었다. 메종 에르메스 서울에 처음 들어서면 바로 왼쪽으로 나선형 계단이 보이는데, 지하 1층부터 지상 3층까지 연결돼 방문자들의 주된 동선 역할을 한다. 프랑스에서는 이를 달팽이 계단이라고 부르는데, 이런 계단의 난간 손잡이를 가죽으로 마감한 경우는 거의 본적이 없다. 가죽 제품으로 명성을 쌓은 브랜드의 정체성을 조용히, 그러나 확실히 주장하는 달팽이 계단의 아름다운 가죽 손잡이를 보니 에르메스의 전 최고경영자 장루이 뒤마가 했던 말이 떠올랐다.

에르메스 최초의 고객은 '말'입니다. 말들은 광고를 볼 줄도 모르고 세일이나 판촉 행사에 초대되지도 않습니다. 다만 그들의 몸 위에 얹혀진 안장이, 그들을 재촉하는 채찍이, 발에 신겨진 말발굽이 얼마나 편안하고 부드러우며 몸을 보호해주는지에 따라 행복하고 더 잘 달릴 수 있을 뿐입니다.

이는 마구나 가방, 패션 외에도 건축, 즉 우리가 생활하는 공간에도 적용 가능한 말이다. 인간에게도 몸으로 느껴지는 편안하고 행복한 공간을 만드는 일은 얼마나 중요한가. 손이 닿는 부분이 가죽으로 된 난간에 의지해 달팽이 계단을 내려오는 호사를 누린 후 또다른 고급 상점을 향해 길을 나섰다.

강남이 어느새 세계가 주목하는 트렌드세터들의 무대가 되었다는 것을 느낀다. 한국 드라마는 일본에서 인기를 얻기 시작해 이제는 전 아시아를 울린다. 프랑스에는 특히 박찬욱, 봉준호, 홍상수 감독의 한국 영화를 좋아하는 팬들이 상당하다. 강남역 주변의 밤 풍경은 「어벤져스」 「본 레거시」 같은 할리우드 영화에도 담겨 있다. 이러한 여러 문화 콘텐츠는 외국인들이 서울에 대해 느끼는 심리적 거리를 조금씩 좁혀왔고, 2013년 서울을 찾는 방문객 수는 1,000만 명을 넘어서기에 이르렀다. 이는 2008년의 방문객 수의 두 배에 달한다.

주목받는 만큼 에르메스, 디올 등 프랑스의 고급 브랜드들이 앞다투어 강남에 플래그십 스토어를 열고 있다. 이들에게 강남이 아시아 시장의 중요한 거점이 되었다는 뜻이다. 최고로 화려한 프랑스 브랜드 니자이너가 한옥에서 받은 영감을 바탕으로 강남에 건물을 올렸다는 점이 나에게는 퍽 신기했다. 강남의 화려한 인상이 소비와 유흥의 욕망만이 아닌 누군가에게 새로운 영감을 줄 수 있는 지칠 줄 모르는 에너지로 이들에게 남을 수 있으면 좋겠다.

친환경 건축이란?

앤 드뢸미스터 숍
건축가 조민석(매스스터디스)
건축 연도 2007

메종 에르메스에서 걸어서 3분 거리에 있는 앤 드뮐미스터 숍으로 향했다. CNN 뉴스의 여행 코너에서 서울을 대표할 만한 건축물 중 하나로 소개되기도 한 이곳은 파사드가 온통 푸른 식물로 뒤덮여 있다. 전면을 제외한 나머지 삼면은 푸른 대나무 정원으로 둘러싸여 있으니 개구부를 제외한 건물의 모든 입면이 식물로 뒤덮인 셈이다. 바로 그곳에서 건축가 김윤환이 우리를 기다리고 있었다. 이 건물도 그가 속한 건축사무소 매스스터디스에서 설계했기 때문이다.

건축가들끼리 만나면 질문이 많아진다. 특히 눈앞의 건물을 설계한 건축가를 만났을 때는 더욱 그렇다. 이번에도 어김없이 질문과 답변이 핑퐁처럼 오갔다.

Photo © Jean-Pascal & Nadia Crouzet

김윤환 앤 드뮐미스터 숍이 자리잡은 곳은 서울 강남 도산대로 한 켜 뒤의 골목입니다. 본래 주거지역이었는데, 최근 글로벌 패션 브랜드 숍과 레스토랑, 미술관 등이 들어서면서 상업지역으로 급속히 변하고 있는 곳이죠. 이 건물은 지하 1층, 지상 3층이며, 설계 당시 1층에 벨기에의 유명 패션 브랜드가 들어온다고 해서 편의상 '앤 드뮐미스터 숍'이라고 이름을 붙였어요. 규모는 대지 면적이 약 300제곱미터, 총 면적은 800제곱미터로 어제 본 송원아트센터와 거의 비슷합니다. 물론 주변 환경과 대지 모양은 아주 다르죠. 송원이 문화유산으로 둘러싸인 오래된 동네, 길과 길 사이에 끼어 있던 삼각형 대지였던 반면 여긴 강남 특유의 사각형으로 분할된 대지였어요. 이웃은 온통 소비문화를 지향하는 고급 상업시설이죠. 그 결과 면적은 비

숯해도 전혀 다른 건물이 탄생했습니다.

파스칼 마레쇼 아무래도 이 건물에서 가장 먼저 눈에 띄는 부분은 식물 파사드입니다. 이런 상업시설에 식물 파사드를 도입한 배경이 궁금합니다.

김윤환 우리는 가장 먼저 이 동네의 특성에 주목했어요. 이곳은 저층 건물 밀도가 아주 높은데, 그러한 주변의 조건을 수용하면서 자연을 최대한 끌어들이는 것을 목표로 삼았죠. 우선 이 건물의 자연/인공, 외부/내부의 관계는 대치가 아닌 조화의 관계로 설정했어요. 내부와 외부 공간, 자연과 인공의 관계가 단절되지 않고 잘 섞이길 바랐죠.

과연 앤 드뮐미스터 숍은 안과 밖의 경계를 없애는 방향으로 디자인 된 것이 느껴졌다. 식물로 뒤덮인 파사드로 둘러싸여 외부는 마치 실내

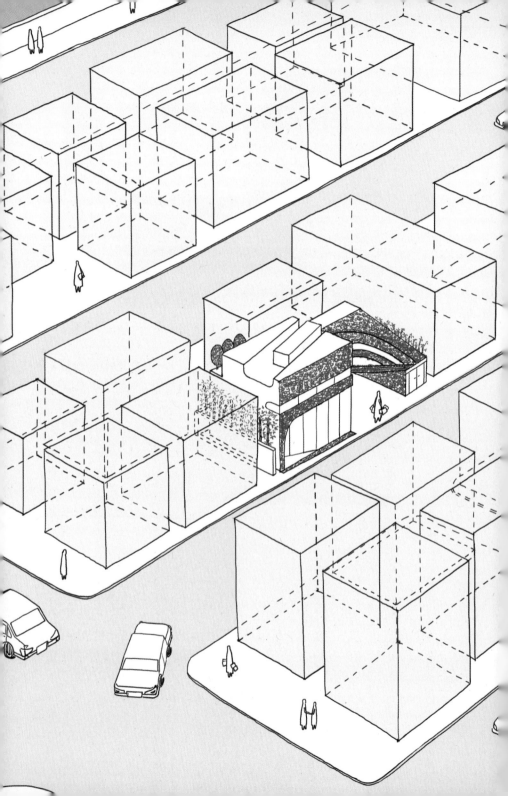

처럼 아늑하고, 내부로 들어가도 연속적으로 식물 파사드가 보여 정원을 걷는 것 같다. 좀처럼 경험하기 어려운 공간 구성이다. 그렇다면 자연을 적극적으로 활용한 이 건물을 친환경건축이라고 말할 수 있을까?

우리가 친환경건축이라 부르는 개념을 프랑스에서는 '양질의 환경건축Haute Qualité Environnementale(HQE)'이라고 칭한다. '양질의 환경건축'에 적합하려면 세 가지 기준을 만족시켜야 한다. 첫째, 경제적이어야 한다. 즉, 단기적으로는 비용이 더 들더라도 장기적으로 경제적 이득이 발생한다면 지속가능성 면에서 더 높은 질의 환경건축으로 인정받을 수 있다. 단열 성능이 좋은 창호를 사용하면 당장은 초기 지출이 올라가겠지만 앞으로의 난방비를 고려하면 이득인 것처럼 말이다. 둘째, 환경적으로 얼마나 기여하는가를 평가한다. 다양한 식물군을 포함한 건축물은 주변 생태계에 일정 부분 기여한 것으로 여겨져 좋은 평가를 받는다. 앤드뮐미스터 숍은 이 항목에서 좋은 점수를 딸 수 있을 것이다. 셋째, 사회적이어야 한다. 이는 한 사회가 지속적으로 발전하는 데 필요한 항목으로, 서로 다른 사회계층의 사람들이 고루 섞여 살 수 있도록 설계해야 한다는 것이다. 일례로 프랑스의 경우, 한 아파트 건물에서 각 세대 면적이 전부 동일한 경우는 거의 없다. 하나의 건물에 원룸 형태의 스튜디오부터 방이 서너 개 이상인 집까지 다양한 크기와 형태의 주거시설이 뒤섞여 있다.

한국의 친환경건축은 아쉽게도 여전히 대부분 에너지 절약, 재활용 등 경제적 기준을 논의하는 것에 그치고 있다. 물론 건축에서 경제성은 매우 중요한 이슈다. 하지만 건축물을 온전히 개인의 것으로 봐서는 안

된다. 건물의 외관, 주변에 대한 배려가 우리가 사는 도시환경의 질과 수준을 좌우하기 때문이다. 아직은 먼 이야기지만, 앤 드뮐미스터 숍처럼 자연생태와 주변 환경을 고려한 건축에 대한 요구도 곧 생겨날 것이라 기대한다.

잠자는 고양이

미메시스아트뮤지엄
건축가 알바루 시자Alvaro SIZA+카를로스 카스타네이라Carlos CASTANHEIRA+김준성
건축 연도 2009

사랑에 빠진 사람은 종종 온 우주가 마치 자신을 위해 존재한다고 느낄 때가 있다. 그런 순간에는 모든 감각이 세상을 향해 활짝 열리고, 오늘이 나만을 위해 준비된 시간 같아 소중하기 그지없다. 곁에 있는 사람의 체온, 창밖에서 잎사귀를 부비고 달아나는 바람소리, 저 멀리서 아이들이 뛰어노는 소리가 선명하고 생생하게 일상을 깨운다. 살면서 이런 순간을 맛보는 것은 기적을 경험하는 것 같은 경이로운 일이다. 나는 아름다운 건축물도 이와 비슷한 충만함을 줄 수 있다고 생각한다. 그리고 일행들이 이번 한국 여행에서 이런 멋진 순간을 맞이하기를 바랐다.

얀 잡지 속 건축 사진은 항상 멋지고 근사하잖아. 하지만 실제로 가보지 않으면 알 수 없는 것들이 훨씬 많아. 내가 건축 여행을 다니는

이유지.

브리지트 오이옹 맞아. 건축 사진은 대부분 하나의 건물만을 주인공으로 삼기 때문에 주변 환경이 잘 드러나지 않고, 어떤 맥락에서 나왔는지 알기도 힘들어. 사진에선 멋졌는데, 가서 보면 그만큼 감흥이 느껴지지 않을 때도 종종 있지.

두남 게다가 사진에는 그 순간의 공기, 바람, 냄새, 소리, 공간의 경험은 담을 수가 없죠. 눈으로 보는 것만으로는 절대 건물의 진짜 모습을 알 수 없어.

　파주출판도시에 자리잡은 미메시스아트뮤지엄 역시 사진만으로는 알 수 없는 독특한 공간을 품고 있다. 설계는 '모더니즘 건축의 마지막

거장'이라고 불리는 대가 알바루 시자가 맡았다. 포르투갈 출신인 그는 프리츠커상을 수상하기도 했으며, 여든을 넘긴 지금도 현역으로 활동하고 있다.

포르투갈 북부의 도시 포르투에서 보내온 한 편의 시와 같은 미메시스아트뮤지엄, 그 시작은 나른한 오후 햇살 아래 웅크리고 앉아 조는 고양이 스케치였다. 시자가 펼쳐놓은 하얀 곡선을 멀리서 바라보면 둥근 고양이 등을 닮았다. 파주의 한적한 들에 몸을 맡긴 한 마리의 흰 고양이. 건물은 외부뿐만 아니라 내부도 온통 하얗다. 전기 콘센트조차 보이지 않는다. 시자는 기능적 요소들을 세심하게 감추고, 순수하게 하얀 벽만을 남겼다. 예술에 관심이 많은 콜레트는 "미술작품을 전시하기에 가장 이상적인 공간"이라며 찬사를 아끼지 않았다.

미메시스아트뮤지엄에는 콘센트 외에도 보이지 않는 게 또하나 있다. 바로 인공조명이다. 전시 공간을 밝히는 것은 자연 채광이다. 천천히 실내를 둘러보면 벽의 굴곡을 따라 빛의 농담이 섬세하게 달라진다. 빛은 시시각각 변하는 하늘, 해의 움직임, 날씨에 따라 변화무쌍하게 모습을 바꾼다. 창과 천창을 통해 내부로 스며든 빛은 양과 세기를 달리하며 우리의 눈과 작품 주위를 부드럽게 감싼다.

두남 전시 공간에 인공조명이 전혀 없다고? 어떻게 그럴 수 있지?
얀 아래층으로는 큰 창이 자연광을 끌어들이고, 위층은 천창을 통해 간접적으로 빛이 들어오고 있어. 옥상에 올라가서 천창을 직접 보고 싶다.

일행 모두가 지붕에 대해 질문하자 미메시스 측에서 기꺼이 우리를 지붕으로 안내해주었다. 우리는 흥분했다. 아무도 모르는 비밀의 정원에 발을 디디듯이 사다리를 타고 지붕 위로 가서 천창으로 은은한 자연광이 들어오도록 고안된 지붕의 장치를 보았다. 빛을 적당히 투과시키면서 안에서는 천창이 직접적으로 보이지 않도록 계획해놓은 것을 보며, 알바루 시자가 흰색과 빛 외에는 그 어떤 것도 시선에 걸리지 않도록 참으로 열심히 감추고, 덜어냈음을 알 수 있었다.

> **두남** 천창 설계를 보니, 알바루 시자가 빛의 움직임을 얼마나 예민하게 포착하고 싶었는지 알 것 같아. 정말 섬세하고 감동적인 공간이야.
> **얀** 이렇게 섬세하게 잘 짜인 건축물을 보면 우리를 둘러싼 공간이 얼마나 어마어마한 위력을 갖고 있는지 새삼 깨닫게 돼.

우리는 살갗을 통해 감각을 느낀다. 옷이 두번째 피부라면, 공간은 세번째 피부이자 우주와 접하는 첫번째 피부라고 말하고 싶다. 우리는 공간을 통해 우주를 접한다. 미메시스아트뮤지엄은 아주 예민하고 아름다운 살갗이다. 미메시스를 몸에 두르면 외부를, 공간을, 우주를 좀더 깊이 감각할 수 있다.

미메시스아트뮤지엄은 해가 지면 문을 닫는다. 이 또한 얼마나 자연스러운가. 해가 지면 미술관은 다시 커다란 고양이가 되어 둥글게 몸을 말고 어둠 속에 잠긴다. 고요하다. 그 모습을 보면 세상과 다시 사랑에 빠지게 된다. 저 커다란 품 안쪽 풀밭에 누워 하염없이 밤하늘을 바라보

Photo © Jean-Pascal & Nadia Crouzet

고 싶어진다.

"모든 위대한 건축은 위대한 건축주로부터 출발한다"라는 말은 미메시스아트뮤지엄의 건축주이자 열린책들 출판사의 대표, 홍지웅에게 들어맞는 말이다. 한국 건축가가 꼽는 최고의 현대 건축물로 늘 열 손가락 안에 꼽히곤 하는 이 건물이 탄생하기까지의 이야기는 무척 흥미롭다. 그는 책 만드는 일을 업으로 하는 이답게 건축 의뢰 과정에서부터 완공까지의 전 과정을 담은 이야기를 『미술관이 된 시자의 고양이』라는 제목의 책으로 묶어내기도 했다.

이야기의 시작은 여행이다. 2005년 9월, 그는 포르투갈의 포르투, 카나베제스, 리스본, 영국의 런던으로 시자의 건축물 답사를 하고, 시자에게 설계를 의뢰했다. 2005년부터 2012년까지 7년의 시간은 건축물로, 그리고 그 기록은 책으로 남았다. 영감을 주는 결과물이 탄생하는 과정을 보면서, 많은 사람들의 노력과 정성에서 또다시 영감을 받는다.

건축이 좁디좁은 건축계 사람들 내에서만 머물지 않고, 출판계 사람들에게 가까워졌을 때 생겨난 힘이 보인다. 실제로 건축이나 공간에 특별히 예민하지 않았던 출판계가 파주출판단지로 이사를 하면서 현대 건축에 대한 고민을 같이 나누는 계기가 되었다고 한다. 한국 건축가들에게는 든든한 후원자가 생긴 것이나 다름없다.

프랑스에는 출판도시 같은 것이 없다. 그들로서는 들어본 적 없는 생소한 개념이기도 하고, 또 '한국' 하면 떠오르는 이미지는 '첨단미래도시' 같은 과학기술이 발달한 나라인지라 '출판도시'는 어딘지 어울리지

않고 어색하게 느껴진다고 하는 일행도 있었다. 아무래도 책은 아날로
그 매체라는 생각 때문이다. 지하철에서 휴대폰 화면에 머리를 파묻고
열중해 있는 모습이 이들이 생각하는 한국인의 이미지에 조금 더 가까
울 것이다.

> **민희** 물론 그런 점도 있지만, 파리 지하철에서는 일단 인터넷이 잘
> 안 터지잖아.
> **파스칼 마레쇼** 하긴. 파리 지하철에는 책을 읽는 사람이 아직 더 많기
> 는 하지만, 인터넷이 여기처럼 빵빵 터진다면 모두들 휴대폰을 보게
> 될 거야.
> **민희** 그렇긴 해도 나는 프랑스 사람들이 서로 책을 선물하는 걸 자
> 주 봤어. 크리스마스 때 가족끼리 주고받는 선물로, 또 친구끼리 생
> 일선물로…… 내가 좋아하는 소설책을, 아니면 멋진 사진집을 선물
> 하고 또 받는 건 멋진 일이야.
> **파스칼 마레쇼** 여기 보고 싶은 건물이 많은데, 더 있으면 안 돼?
> **민희** 훌륭한 현대 건축물이 많긴 하지만, 그보다 꼭 봐야 할 게 있어.
> 우린 이제 북한을 보러 갈 거야.

나는 파주를 떠나기 아쉬워하는 일행을 재촉했다.

보인다,
개성

오두산통일전망대
건축 연도 1992

우리는 자유로를 타고 오두산통일전망대로 향했다. 서울에서 불과 40분 거리에 있는 오두산은 한강과 임진강이 만나는 지점에 위치한 남북 분단 최일선의 장소다. 파주출판단지에서 차로 10여 분 달렸을 뿐인데, 분위기는 사뭇 다르다. 현대건축의 각축장 같았던 출판단지의 풍경은 이곳 통일전망대에 오르니 신기루처럼 사라지고 없다. 해안선을 따라 철조망이 촘촘하게 이어져 있고, 방문객들만 가끔 오갈 뿐이라 삭막하고 적막하다. 우리나라가 세계 유일의 분단국이자 휴전 중이라는 상황을 생생하게 일깨우는, 그래서 나도 모르게 긴장하게 되는 장소다.

사실 이번 여행을 떠나기 넉 달 전부터 북한의 미사일 이슈로 떠들썩했던 터라 한국에 갈 것인가 말 것인가 당시에는 말이 많았다. 떠나기 직전까지 취소 가능한 특별 보험에 가입했을 정도다. 한국인인 내겐

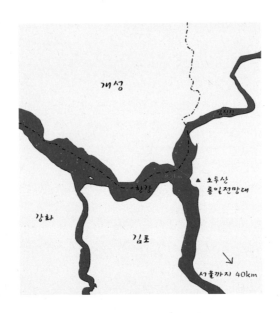

지나친 호들갑으로 보였지만, 그들에게 한반도는 그만큼 멀고, 낯설고, 또 전쟁 가능성이 있는 위험한 나라였던 것이다. 시기 탓도 있었지만 제 3자에게 한국은 열흘간의 여행조차 불안한 나라로 인식된다는 것을 옆에서 지켜보면서 더 큰 비즈니스는 이런 정세에 얼마나 큰 영향을 받을지 상상만으로도 아찔했다. 이런 우여곡절을 겪으며, 오두산통일전망대를 프로그램에 포함시킬지 말지 끝까지 망설였다. 과연 이들이 이 장소의 의미를 어떻게 받아들일지 예상하기 어려웠기 때문이다. 하지만 우리가 품고 있는 분단의 아픔, 통일에의 희망을 전해주는 것도 의미 있겠다 싶었다. 그들이 이 나라를 그저 휴전 중인 분단국가로만 여긴 채 돌아가는 것보다는 우리가 가진 미래에 대한 비전을 이야기하고 싶었다.

오두산을 올라 도착한 통일전망대 앞은 수학여행을 온 학생들로 가득했다. 전망대 앞마당에는 하얀 셔츠에 군청색 재킷, 무릎까지 내려오는 긴 체크무늬 치마를 입은 여학생들이 단체사진을 찍으려고 길게 세 줄로 삐쭉삐쭉 머리를 내밀고 서 있다. 북한 쪽 하늘을 뒤로하고 우뚝선 고당 조만식古堂 曺晩植 선생의 동상을 배경으로 둔 채다. 조만식 선생은 일제강점기에는 독립운동에 힘쓰고 해방 후에는 민족 통일을 위해 애쓴 분이다. 하지만 남한에서는 그저 '반공주의자'로 찬양하고 있는 실정이다. 북한을 지척에 두고, 북한의 현실을 절감할 수 있도록 만든 북한 전망대이자 통일 안보의 교육장으로서 이곳의 면모를 여실히 볼 수 있는 장면이다. 프랑스 여행자에게 동상의 인물은 크게 관심을 끌지 못했다. 수학여행을 온 아이들이 이 모든 풍경을 지배했기 때문이다. 검은 단화에 검은 양말을 종아리 중간까지 추어올려 신은 아이들은 그 또래답게 무엇이 그리 즐거운지 새처럼 조잘거린다. 단체사진을 찍는 아이들 사이로 파스칼이 능청스런 표정으로 뒷줄에 슬쩍 끼어들자 사방에서 까르르 웃음이 터져나왔다. 파스칼은 교복 입은 아이들과 찍은 사진이 몹시 마음에 드는 눈치다.

아이들과 간단히 인사를 나누고 전망대 3, 4층에 있는 전망실로 향했다. 전망실은 대학교 강의실 같은 형태인데 전면이 둥근 유리 파사드로 되어 있어 북한 땅을 훤히 볼 수 있다. 가운데에는 모형이 놓여 있는데 우리가 흔히 보는 건축 모형이라기보다는 군사 작전을 세울 때 사용할 법하다. 모형을 들여다보면 알 수 있듯이, 한강과 임진강이 합류하는 지류에 위치한 오두산은 해발 118미터의 나지막한 산이지만 『삼국사기』

에도 등장하는 중요한 군사 요충지다. 남한 땅과 북한 땅은 짙은 초록색으로 칠해져 있고 한강과 임진강은 짙은 파란색으로 칠해져 있다. 파란 강과 초록 땅의 모형에는 짙은 붉은색으로 북한의 지형지물이 표시되어 있다. 이 모형이 전망대에서 유일하게 긴장이 느껴지는 물건이라고 느껴질 정도로, 실은 지루할 만큼 평화로운 광경이 펼쳐진다.

전망대는 옥외전망대로 이어지는데 큰 사각 테라스에는 망원경이 놓여 있다. 전망대에서 북한 땅까지의 직선거리는 불과 460미터밖에 되지 않는다. DMZ 248킬로미터 중 북한과의 거리가 가장 가까운 곳이 바로 여기다. 날이 맑으면 망원경을 통해 황해북도 개풍군 관산반도에서 생활하는 주민들의 모습이 보일 정도다. 북한 지역뿐만 아니라 서해를 조망하며 철새를 관찰할 수도 있다고 한다. 우리가 갔을 때는 오전 시간이어서 볼 수 없었지만 임진강변을 따라 펼쳐지는 낙조가 아름답기로 유명하다고 한다.

아래층 전시관에는 북한 주민들의 생활상을 살펴볼 수 있는 각종 자료들이 전시되어 있다. 1층 로비에서는 다양한 기획전시가 열리고 북한 전시실에서는 북한 주민의 생활상과 북한의 산하를 살펴보고 북한 관련 정보도 검색할 수 있도록 꾸며놓았다. 특히 우리나라 초등학교에 해당되는 북한의 소학교 교실과 북한 중산층의 안방을 재현해놓은 북한 생활 체험실이 눈길을 끈다. 초록 칠판과 나무 책걸상은 우리의 '국민학교' 모습과도 닮아 있다. 단지 칠판 위에는 북한의 두 '위대한 수령'의 초상화가 걸려 있는 점만 다를 뿐이다. 오래된 북한 소학교 교실을 재현한 전시실 천장 한가운데에는 전시 내용과 관련 없는 환풍구와 소방 알

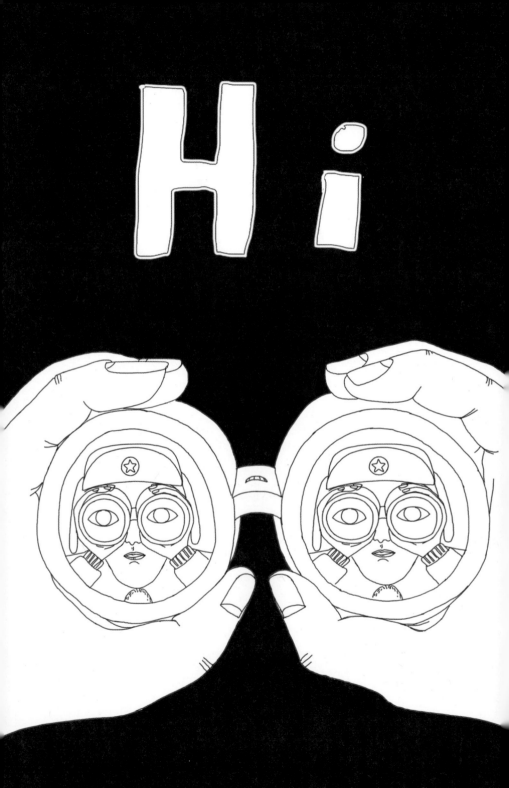

람 시스템이 떡하니 설치되어 있어서 이질적이다. 북한 주민이 처한 어두운 현실을 보여주려는 전시 의도와는 달리, 우리 일행 사이에서는 농담이 그치질 않는다.

자크 에스테르 남한의 프로파간다를 보여주는 전시관이네······.

민희 아직도 북한을 적대시하여 보여주는 측면도 있지만 나는 사실 그 반대 이야기를 하고 싶었어. 많은 학자들과 건축가들이 통일 한국의 미래를 연구하고 있거든. 독일 통일에 대해 연구하는 한국 사람이 독일 사람보다 많다고도 하더라고.

리샤르 분단의 최전선에 서 있는데, 너무 평화로워서 실감이 나질 않네. 베를린장벽은 1989년에 무너졌는데 여긴 여전히 냉전 중이구나.

민희 이번 북한 미사일 발사에 대해 계속 뉴스가 나왔잖아. 여행 오기 전에 무슨 생각을 했어?

리샤르 나는 딸과 함께 내전 중인 탄자니아에 간 적도 있어. 무섭다고 마냥 피하다보면 아무것도 할 수 없거든.

이들을 여기까지 오게 한 것은 아마 두려움보다 더 큰 호기심이었을 것이다. 남한과 북한의 거리는 멀지 않음을, 아니 애초에 하나였음을 생생하게 느낄 수 있는 곳이 바로 이곳 오두산통일전망대다.

돌아오는 길, 대절 버스에선 흥겨운 음악이 흘러나왔다. 싸이의 뮤직비디오를 보다 문득 창밖을 바라보니 강가를 따라 드문드문 경계초소가 이어졌다. 분단되지 않았다면 이런 풍경을 보지 않아도 되었을 텐데.

저 경계초소에는 어린 군인들이 강 건너편을 지켜보고 있겠지. 분단되지 않았다면, 그들은 지금 무엇을 하고 있었을까. 북한 땅을 지척에서 본 탓일까. 머릿속이 잡생각으로 어지럽다. 하지만 이런 감상에 젖는 것도 한때뿐이리라. 일상으로 돌아가면 북한은 또다시 가깝지만 늘 먼 존재가 되겠지. 지금으로서는 어쩔 수 없는 일이다.

풍수지리 공부하는
프랑스 건축가

전곡선사박물관
건축가 아누크 르장드르Anouk LEGENDRE+니콜라 데마지에르Nicolas DESMAZIERES(익스튀X-TU)
건축 연도 2010

1977년 1월, 주한미군 공군 상병 그레그 보언Greg Bowen은 한국인 연인과 한탄강으로 나들이를 갔다. 날이 추워 물을 끓이기 위해 돌을 모으던 중 여자친구가 돌 하나를 그에게 건넸다. 수많은 돌 중 하나, 흔하디흔한 돌이었다. 하지만 보언은 그것이 범상치 않다는 것을 바로 알아차렸다. 애리조나주립대학에서 고고학을 전공한 덕분이었다.

당시 고고학계를 뒤흔든 대사건은 이렇게 시공을 초월한 우연과 행운이 맞물리면서 일어났다. 미국에 살던 고고학도가 군인이 되어 머나먼 타국 한국으로 떠나와 이런 발견을 할 확률은 과연 얼마나 될까? 웬만한 영화보다 더 드라마틱하게 발견된 그것은 약 30만 년 전의 것으로 추정되는 구석기시대의 주먹도끼였다.

보언이 발견한 주먹도끼는 그때까지 동아시아 지역에서는 한 번도

발견된 적이 없는 아슐리안형 주먹도끼였다. 아슐리안형 주먹도끼는 같은 시기에 만들어진 석기에 비해 훨씬 정교하게 가공돼 있어 문명의 발달 정도를 가늠하는 척도로 여겨지기도 한다. 보언의 발견 이전에는 유럽과 아프리카 지역에서만 출현했던 터라 아시아가 유럽, 아프리카보다 문명의 발달이 늦었다는 주장의 근거로 받아들여지기도 했다. 한탄강에서 발견된 아슐리안형 주먹도끼는 기존의 주장을 모두 뒤집는, 구석기 시대 역사 서술을 바꾸고 고고학계를 뒤흔든 대발견이었다.

이날 우리가 세번째 방문지로 찾은 전곡선사박물관은 이 역사적인 장소와 멀지 않은 한탄강변에 자리잡고 있다. 굽이굽이 더블유 형태를 그리며 흐르는 한탄강을 따라 한참 달린 끝에 전곡에 도착했다. 드문드문 인가가 나타날 뿐, 개발이 더딘 이 지역에서 전곡선사박물관은 엄청난 존재감을 과시한다. 이질감이 들 정도로 낯선 형태에 거울처럼 반짝이며 빛을 반사하는 외관이 멀리서도 밝고 찬란하게 존재감을 드러낸다.

도착한 우리를 배기동 관장님이 반갑게 맞아주셨다. 전곡리 발굴과 연구뿐만 아니라 이 박물관의 건립 과정에 처음부터 참여하신 분이다(현재는 이한용 관장). 전곡선사박물관은 아슐리안형 주먹도끼의 발견으로 전곡 일대에서 대대적인 발굴사업이 추진되면서 건립됐으며, 설계는 2006년 국제공모전을 통해 선정된 '익스튀X-TU'가 맡았다. 프랑스의 젊은 부부 건축가 아누크 르장드르와 니콜라 데마지에르가 이끄는 팀이다. 이 프로젝트는 국제공모전을 통해 뽑힌 설계안이 성공적으로 잘 실현된 사례로 꼽힌다고 들어서 내내 궁금했었다. 공모를 통해 훌륭한 안

을 뽑아놓아도 그대로 실현되는 경우는 많지 않다. 아무리 아이디어가
뛰어나도 현실화하는 데 수많은 어려움과 난관이 따르기 때문이다.

니콜라 공모전에 출품된 400여 개의 설계안 중 지금처럼 두 언덕 사
이를 잇는 다리 형태의 안은 우리 말고도 여러 팀이 제안했다고 합
니다. 그렇게 지으면 건물 아래로 사람들이 자유롭게 오갈 수 있거
든요. 비슷한 안들 중 우리만 유일하게 가운데 볼륨을 줄인 형태였
다고 하더군요. 특히 부드러운 곡선을 적용해 필요에 따라 볼륨을
키우거나 줄일 수 있게 했는데, 심사위원들이 바로 이 점에 주목했
다고 해요.

여행을 준비하면서 파리의 익스튀 사무실에 들러 대화를 나눌 기회가 있었는데, 전곡선사박물관 역시 완공되기까지 여러 우여곡절을 겪었다고 한다. 아누크와 니콜라, 배기동 관장님은 이견을 좁히기 위해 수차례 한국과 유럽을 오가며 끊임없이 대화를 나누고, 최선의 결정을 하기 위해 애썼다. 그러나 설계가 막바지에 접어든 시점, 박물관 부지에서 새로운 유적이 발견됐을 때는 정신적으로 너무나 힘들었다는 얘기에 절로 공감이 갔다. 거의 다 끝난 일을 뒤집고 다시 해야 한다면, 섬세하게 맞춰놓은 퍼즐 조각이 흩어져 다시 맞춰야 한다면, 그 누구라도 버티기 힘들 것이다. 어쨌든 설계 수정은 불가피했고, 전체 형태와 인상을 유지하면서 유적 훼손을 최소화하기 위해 고민에 고민을 거듭한 결과 전곡선사박물관은 현재의 모습으로 완성됐다.

니콜라 (사무실 책장에 꽂혀 있는 풍수지리 책을 보여주면서) 한국 관계자들과 계속 만나다보니, 한국 사람들의 정서에는 '풍수지리'라는 개념이 깊이 박혀 있더군요. 처음에는 이해하기 어려웠는데, 우리의 설계안이 물과 바람, 에너지가 자연스럽게 순환하도록 했다는 점에서 풍수지리 사상과 통하는 면이 있다고 하더라고요. 그래서 책을 구해 공부를 했어요.

아누크 건물 배치할 때 정말 고민이 많았어요. 어떻게 해도 건축주가 오케이를 하지 않았거든요. 그러다 풍수지리를 공부하고, 가장 기본인 '배산임수'를 적용해 제안을 했더니 비로소 마음에 들어했어요.

  두 사람의 입에서 '풍수지리'라는 단어가 나왔을 때, 처음에는 귀를 의심했다. 프랑스 사람 입에서 '풍수지리'라는 말을 들을 줄이야. 우리에게 배산임수나 바람길을 중시하는 건물 배치 개념은 일상적으로, 문화적으로 습득하는 것이지만 프랑스 건축가들에게는 꽤나 새로웠던 모양이다. 전곡선사박물관이 건물 뒤쪽으로는 높은 지형이 안정감 있게 둘러져 있고, 앞쪽으로는 정원과 물길이 배치된 형태로 완성된 것은 이런 영향이 컸다고 할 수 있다.

  그렇게 설계가 끝나고, 현장 공사는 한국의 설계사무소 '서울건축'에서 맡아 진행했다. 익스튀는 파사드의 프로토타입을 확인하기 위해 딱 한 번 현장에 방문했다고 한다. 현장을 지휘한 서울건축의 역할이 적지 않았음을 짐작할 수 있다. 특히 수많은 스테인리스 판으로 만들어진, 유

려한 곡면을 그리는 입면의 유기적 형태는 판과 판 사이의 간격을 하나 하나 맞추고, 하나의 판이 한 번에 두 방향의 곡면에 맞물리지 않도록 세심하게 주의하면서 완성한 것이다. 건축가가 설계를 하면서 머릿속에 그렸던 형태가 이토록 온전하게 실현되는 것은 정말 이상적인 경우라 일행들은 건물을 거니는 내내 생각이 많은 듯했다.

　내부 전시 디자인을 만들어가는 과정도 상당히 흥미로웠다. 배기 동 관장은 건축가들과 함께 여러 차례 유럽의 사례를 답사하면서 원하는 방향을 조금씩 결정해나갔다고 한다. 니콜라와 아누크에 따르면 전시 방식은 크게 프랑스식과 미국식 방식이 있는데, 프랑스의 박물관에는 대체로 학술적인 설명이 많아 진지한 편이고 미국의 박물관은 정보 제공보다는 체험을 통해 새로운 경험을 할 수 있도록 하는 경향이 비교적 강한 편이라고 한다. 다양한 사례를 답사한 배 관장은 후자의 방식을 원했다. 그래서 건축가는 직관적으로 '보이는 전시' 디자인을 했다. 상

Photo © Dessade

설 전시실의 입구에 들어서면, 700년 전 인류의 조상이 전시 공간을 누비듯 생생하게 재현되어 있다. 일반적인 박물관에서처럼 유리관 너머로 보지 않아도 되도록 많은 경우 열린 전시실의 형태로 꾸며 아이들이 좋아할 만한 요소가 많은 듯하다. 실제로 학교에서 단체로 답사를 오는 어린이나 가족 단위의 방문객을 위한 행사가 다채롭게 이루어지고 있다고 한다.

산과 강 외에는 주변에 아무것도 없다고 해도 과언이 아닌 곳에 우뚝 서 있는 전곡선사박물관은 그 자체로 대지미술 작품 같기도 하고, 거대한 조각작품 같기도 하다. 박물관이 만드는 산등성이 같은 부드러운 곡선이 스카이라인을 이루고, 그 뒤로 진짜 산등성이가 하늘과 맞닿은 모습이 장관이다. 날이 저물면 판에 뚫린 수많은 구멍을 통해 뿜어져나오는 빛이 무수히 일렁대며 반짝인다.

낯설고 쓸쓸한 정서도 풍기지만, 동시에 지역에 대한 호기심을 일으키며 강렬한 인상을 남기는 이 건물을 보고 있자니, 안토니 곰리Antony Gormley가 영국의 탄광도시 게이츠헤드의 언덕에 설치한 대형 조각작품 「북쪽의 천사」가 떠올랐다. 쇠락해가던 작은 도시 게이츠헤드는 「북쪽의 천사」가 설치되면서 매년 수만 명의 사람들이 찾는 명소가 됐다. 공공미술 작품이 한 도시를 되살린 것이다. 미술작품뿐만 아니라 건축도 이런 역할을 하는 경우가 종종 있다. 우리가 보기엔 전곡선사박물관도 그럴 가능성이 충분해 보였다. 이 박물관이 지역에 활기를 불어넣는 돌파구 역할을 하길 바라며, 늦은 밤 서울로 돌아가는 차에 몸을 실었다.

DAY-6

낭만에 대하여

삼성미술관 리움
이화여자대학교 ECC
길상사

귀한 그릇을 담은
새 그릇

삼성미술관 리움
건축가 장 누벨Jean NOUVEL+렘 콜하스Rem KOOLHAAS(OMAOffice for Metropolitan Architecture)
 +마리오 보타Mario BOTA
건축 연도 2004

서울에서 맞는 네번째 아침. 지금 파리는 밤 11시다. 여행 엿새가 되도록 시차적응을 못한 자크와 브리지트는 일찍 일어나 길을 나섰다. 일정이 시작되기 전 호텔 근처에 있는 경복궁을 둘러보기 위해서다. 이른 아침, 거리는 한산하다. 다행히 호텔에서 경복궁까지는 걸어서 3분이면 족하다.

웅장한 경복궁 정문을 지나 드넓은 마당에 섰다. 북악산을 뒤로하고, 좌우로 낙산과 인왕산이 보기 좋게 두르고 있는 경복궁을 마주하면 굳이 전문가가 아니더라도 절묘하게 선택된 지형의 묘, 풍수의 묘를 느낄 수 있다. 자크와 브리지트는 경복궁 산책을 하며 산에 포근히 안긴 듯한 기분이 좋았다. 이른 아침 관광객에 점령당하기 전의 한적한 궁을 볼 수 있다는 것이 여간 기쁘지 않다. 대개 프랑스의 성들은 산꼭대기에 쌓

도시 한복판에 산이라니!

아울린 성벽 안에 자리잡고 있는 경우가 많다. 평지에 세워진 성일 경우 높은 성벽으로 둘러싸여 있고, 성벽은 다시 인공 운하에 둘러싸인 형태를 취하고 있다. 프랑스인들이 서울에 정착했다면 인왕산 꼭대기나 남산 꼭대기에 성을 지었을까?

경복궁은 서울 사대문 안의 5대궁 중 가장 오래된 궁이다. 조선왕조의 정궁正宮으로 1395년에 1차로 완공됐다. 잦은 화재로 여러 차례 소실되었는데 특히 임진왜란 당시 선조가 서울을 버리고 의주로 피난을 떠난 사이 왜군과 전투가 거듭되면서 상당 부분이 불타고 무너졌다. 이후 470년 만에 흥선대원군에 의해 중건되었는데 이전의 모습과는 상당한 차이가 있는 것으로 알려졌다. 이후로도 일제강점기를 거치면서 여러 차례 소실과 복원이 반복되었다.

하지만 경복궁은 여전히 서울의 가장 중요한 축을 담당하고 있다. 경복궁 앞으로 난 세종대로는 너비 100미터로 대한민국에서 가장 넓은 도로다. 이 길은 조선시대부터 존재했으며 당시에는 오늘날로 치면 행정부 건물들이 이 길을 따라 자리잡고 있었다. 오늘날에도 경복궁 앞으로 뻗은 세종로 양편에는 높은 빌딩들이 빼곡히 들어서 있어 자본주의 도시 서울의 모습을 표상한다. 세종로에서 경복궁을 바라보는 광경과 경복궁에서 세종로를 바라보는 조망 모두 상당히 인상적이다. 하지만 경복궁처럼 중요한 국가유산 코앞에 트윈트리타워 같은 고층 빌딩이 들어서는 것은 프랑스에서는 일어날 수 없는 일이다. 문화유산을 보존하기 위해 건축가들이 많은 노력을 하고 그 주변 지역의 개발을 엄격하게 제한하고 있기 때문이다. 그래서 땅 주인의 재산권을 더 보장하는 방

식으로 전개된 서울의 개발이 프랑스에서 온 이들에게는 극단적인 자본주의사회의 모습으로 받아들여진다. 한편으로는 오래된 도시 조직과 새 조직이 거침없이 섞여 있는 것이 이 도시의 매력이기도 하다.

한 시간가량 경복궁 산책을 마치고 호텔로 돌아오니, 다들 로비로 내려와 체크아웃을 하고 있었다. 오늘이 서울에 머무는 마지막 날이기 때문이다. 늦은 오후, 우리는 제주로 떠난다. 그 전에 조금이라도 더 둘러보기 위해 서둘러 리움으로 향했다.

리움은 삼성에서 세운 미술관으로, 세계적으로 유명한 건축가 세 사람이 설계한다는 것만으로도 건립 전부터 세간의 이목을 끌었다. 장 누벨, 렘 콜하스, 마리오 보타. 이 세 거장이 한 프로젝트에 동시에 참여한

다는 것은 센세이셔널한 사건이었고, 웬만한 자본 없이는 불가능한 이 벤트였다. 이들이 설계할 새로운 미술관을 채울 컬렉션 역시 고미술품 부터 현대미술 작품까지 고루 갖춘 것으로 유명해 이 프로젝트가 과연 어떤 모습으로 완성될지 이목이 집중됐다.

뒤로는 남산을 두르고, 앞으로는 한강이 내려다보이는 한남동에 자리잡은 리움은 세 건축가가 설계한 세 동의 건물로 구성돼 있다. 마리오 보타가 설계한 뮤지엄 1관은 그의 시그니처 소재이자 흙과 불을 상징하는 붉은 테라코타 벽돌로 지었다. 보타에 따르면 이 건물은 처음부터 도자기 미술관을 염두에 두고 설계한 것으로, 곡선으로 도자기의 형태를 재현해 신비감을 자아내고 싶었다고 한다.

멀리서 보면 거대한 화분처럼 보이기도 하는 뮤지엄 1관의 백미는 로툰다, 즉 바닥부터 천장까지 뚫려 있는 원형 홀이다. 리움 로비에 들어서면 차분하게 가라앉은 공간의 중앙에 둥글게 자연광이 쏟아지는 지점이 있는데, 그 빛은 로툰다의 천창을 통해 들어오는 것이다. 위로 갈수록 지름이 커지는 원형의 보이드 공간은 천창에서 쏟아지는 빛으로 늘 환하며, 곡선을 그리며 돌아가는 계단실은 도자기를 비롯한 고미술품이 전시된 공간을 연결시켜준다.

현대미술 작품을 전시하는 뮤지엄 2관은 프랑스의 천재 건축가로 이름난 장 누벨이 설계했다. 철골 구조와 유리를 즐겨 사용하는 그만의 특징이 잘 드러난다. 뮤지엄 1과 2를 유기적으로 연결하면서 대지가 지닌 본래의 형태와 매력을 고스란히 살려놓은 삼성아동교육센터는 렘 콜하스의 작품이다. 전위적이며 실험적인 시도로 잘 알려진 콜하스가 리움 프로젝트에서 맡은 역할과 설계 의도는 건축가로서 여러모로 흥미로운 지점이 많다. 미술관 측과 진행한 인터뷰 기사를 읽으며 그가 이 프로젝트에서 해낸 연결점으로서의 역할이 어떤 것이었는지 이해할 수 있었다.

> 저는 원래의 공간을 많이 바꾸는 것을 좋아하지 않습니다. 특히 모든 것이 빠른 속도로 바뀌는 아시아에서는 있는 그대로를 살린다는 것이 더욱 흥미로운 작업이지요. 이 프로젝트도 그런 방향으로 진행되었는데 마리오 보타가 기하학의 거장이기 때문에 제 건물은 특정한 모양이 없는 것이 낫겠다고 판단했어요. 저는 건물의 윤곽을 열린 공간으로 보이게 처리함으로써 '공공의 공간'을 표현하고 싶었습니다. 서울에서는 모든 것이 너무나 밀집해 있기 때문이지요. 유럽이나 미국에서는 공공 공간도 폐쇄적으로 지어지는 추세인데 저는 이곳에서야말로 진정한 공공의 공간을 지을 수 있는 기회를 발견했습니다. 나아가 대중을 위한 공간, 마치 동네 행사가 열리는 듯 친숙한 공간의 이미지를 생각했습니다.
>
> _렘 콜하스, 리움과의 인터뷰 중에서

콜하스는 눈에 띄지 않는 유리 건물 안에 블랙박스를 만들었다. 이 블랙박스는 건물 안의 건물로 유리 건물과는 대조적으로 완전한 암실

처음 서울을 보았을 때 저를 가장 놀라게 한 것은 그 복잡함과 거대함이었어요. 동시에 그 구성 요소들은 섬세하고 작다는 것이었지요. 지형적으로 굴곡이 많아서 도시가 확장되기는 어렵지만 바로 그런 까닭이 적절한 긴장감을 주고 있습니다. 평평한 도시였다면 특별할 것이 없었겠지만 서울의 지형은 하나의 장관을 이루어 매력을 발산하지요. 미술관의 부지 역시 좁은 편인데다 언덕도 있었어요.

처음의 구상은 지금과는 달리 경사면을 이용해서 지으려고 했지요. 그런데 이미 놀라운 특색을 지니고 있는 서울의 성격을 이 건물을 통해 바꾸려는 것은 바람직하지 않다는 생각이 들었습니다. 그래서 이 건물은 기존의 느낌을 그대로 활용하면서 보다 간결하게 지음으로써 너무 튀지 않고 자연스럽게 동화되도록 하고자 노력했습니다. 우연적인 요소를 살려서 설계했는데 그 즉흥성이 더욱 에너지를 느끼게 한답니다.

렘 콜하스

이다. 완전히 독립된 공간으로 일광이나 다른 조건들에 영향을 받지 않기 때문에 작품을 외부 환경과 분리시켜 전시할 수 있고, 블랙박스 안에 새로운 세상을 연출할 수 있다. 검은 콘크리트라는 새로운 소재로 만들어진 이 블랙박스는 자연이 차단되어 멀티미디어 작품을 위한 최적의 공간이 된다.

반면에 유리 건물과 블랙박스 사이의 공간은 건물 내부이면서 동시에 블랙박스의 바깥이라는 이중성을 지닌다. 바로 이 공간이 콜하스가 말하는 열린 공공 공간이다. 이곳에서 콜하스가 말한 대로 마치 동네 행사가 열리는 듯 친숙함까지는 못 느끼겠지만 그가 의도한 것이 무엇이었는지는 알 듯하다. 테라코타 재질의 뮤지엄 1과 검은 스테인리스스틸

상자들로 이루어진 뮤지엄 2관에 이어 삼성아동교육센터마저 완전히 막힌 건물로 지어졌다면 리움은 무척 폐쇄적인 박물관처럼 보였을 것이다. 콜하스의 투명하고 큰 유리 건물이 완충적인 역할을 한다.

리움에서 빼놓을 수 없는 인상적인 공간은 넓은 테라스다. 개성 있는 세 건물과 서울의 전경을 한눈에 감상할 수 있는 장소이자 대형 조각작품을 설치할 수 있는 야외 공간이다. 리움의 테라스는 상대적으로 지대가 높아서 도시의 모습이 내려다보인다. 전시를 보고 나와서 맞는 테라스의 공기가 상쾌하다. 들뜬 마음으로 도착했을 때에는 보지 못한 것들이 전시 관람 후 테라스에서 비로소 보이기도 한다. 이 야외 공간이야말로 리움의 전체적인 이미지를 완성하는 공간이자 리움과 주변 환경을 주기적으로 이어주는 소통의 장이다.

건축가들은 종종 집을 '그릇'에 비유하곤 한다. 집은 삶을 담는 그릇과도 같다. 삼성은 리움 이전부터 창업주 이병철 회장의 호를 딴 호암미술관을 운영하고 있었으며, 여기저기 흩어져 있는 우리의 문화재를 모으는 데 남다른 노력을 기울여왔다. 유럽 시장에도 극히 드물게 나오는 우리의 고미술품을 천문학적인 돈을 들여 수집했고, 그 귀한 것들을 담을 새로운 그릇 역시 엄청난 정성과 자본을 들여 지었다. 그 과정과 결과물은 수많은 이야기를 낳았다. 일행들은 리움의 스토리에 관심이 많았다.

자크 에스테르 리움에서는 다른 곳에서는 시도하지 않았던 방식으로 전통과 현대, 한국 미술과 국제 미술을 함께 훌륭하게 보여주고 있어.

자크 드 코르몽 장 누벨의 뮤지엄 2관의 형태는 역시 그가 설계한 파리의 케브랑리 박물관Musée du quai Branly을 정말 닮았어.

민희 맞아. 나도 그런 생각이 들어서 찾아봤더니 케브랑리 박물관은 2006년에 완공되었더라고. 리움이 2004년에 완공되었으니까 시기로만 보면 케브랑리 박물관이 리움의 두번째 버전인 셈이지.

자크 드 코르몽 그리고 렘 콜하스의 블랙박스 형태는 포르투갈 포르투의 카사 다 무지카Casa da Musica를 정말 닮았어.

민희 (끄덕이며) 나도 그렇게 생각해. 그것도 찾아보니 카사 다 무지카는 리움보다 1년 늦은 2005년에 완공됐더라고. 케브랑리 박물관과 카사 다 무지카가 더 크고 야심 찬 프로젝트로 유명하지만 그 전에 리움에서 비슷한 형태를 채택했다는 것은 잘 알려지지 않았지.

그들이 가장 감탄한 것은 무엇보다 뮤지엄 1관의 어둑하고 고요한 공간에 전시된 한국 고미술품이 지닌 고아한 아름다움이었다. 또한 리움이 자리잡은 곳의 지세, 서울이란 도시를 다이내믹하게 만드는 산과 강의 존재에 좀더 깊은 관심을 보였다. 한국의 현대건축을 보러 왔고, 그래서 고궁이나 고택 같은 전통 건축물은 일정에서 제외했는데, 일행들이 우리의 옛 생활용품, 미술품에 시선을 빼앗기는 것을 보니 우리의 전통건축 여행을 새로 기획하는 것도 좋겠다는 생각이 들었다. 건축가는 결국 인간이 살아가는 공간을 짓는 사람들이다. 오래된 것이건, 새로운 것이건 땅의 모양과 기운, 도시의 구성, 저마다 다른 생활양식에 먼저 시선이 가고 마음을 빼앗길 수밖에 없는 것이다.

일행들과 리움을 돌아보면서, 서울을 찾는 방문객에게 반나절 동안 갈 만한 곳을 딱 한 군데 추천해보라고 하면 여기가 어떨까 하는 생각을 했다. 현대건축의 세 거장이 지은 공간에서 한국의 전통 미술품부터 현대미술 작품까지 두루 만날 수 있는 곳은 흔치 않으니 말이다.

계곡이 된 캠퍼스

이화여자대학교 ECC
건축가 도미니크 페로Dominique PERRAULT+범건축
건축 연도 2002

파스칼과 마리아는 이번 여행을 떠나기 전부터 오늘이 오길 손꼽아 기다려왔다. 프랑스의 유명 건축가 도미니크 페로가 설계한 이화여자대학교 ECC를 보러 가는 길에 한국에 유학 온 조카를 만나기로 했기 때문이다. 그들의 조카 나탈리는 이화여자대학교에 교환학생으로 와서 한국의 역사와 문화를 공부하는 중이다. 캠퍼스 내에 기숙사에서 지내는 조카 나탈리의 한국 생활 이야기를 들으며 이태원에서 신촌으로 이동했다.

민희 어떻게 한국에 교환학생을 올 생각을 했어?

나탈리 내 전공은 국제학이야. 중국과 일본은 교류도 많고 교환학생도 많은데 한국은 잘 알려지지 않았기 때문에 이곳을 택했어. 한국에서의 경험이 일본이나 중국으로 떠나는 것보다 나의 경쟁력을 키우는 데 더 도움이 될 거라고 생각했거든. 한국을 공부한 프랑스 사람은 아무래도 적으니까.

민희 학교생활은 어때?

나탈리 이대에는 영어로 진행되는 수업이 많아. 그리고 기숙사 시설도 잘 갖추어져 있어서 외국에서 온 교환학생들이 머물기 좋아. 캠퍼스가 넓기 때문에 기숙사에서 생활하면 등하교 시간도 절약할 수 있고 기숙사 안에 공동 주방, 공부방, 운동 시설 등이 잘 갖추어져 있어서 편리해.

민희 한국어 수업도 들어?

나탈리 일주일에 두 번 한국어 수업을 듣고 있지만 아직 초보야. 한국어 수업에는 일본이나 중국에서 온 학생들이 많은데 그네들은 나보다 훨씬 진도가 빨라. 나도 열심히 한다고는 하는데 한국어가 쉽지는 않아.

이화여자대학교 캠퍼스는 ECC가 들어서면서 큰 변화를 맞이했다. 공개되자마자 파격적인 설계로 눈길을 끈 ECC는 마치 계곡 같은 형상으로 사람들을 끌어들인다. 물길처럼 시원하게 트인 가운데 통로 양쪽으로 강의실부터 각종 편의시설이 들어선 건물은 지하 공간을 활용해 지어졌고, 그 위에는 정원이 들어서 있다. 건물과 함께 새로운 경관까지 설계한 셈이다.

캠퍼스에 도착하니 ECC 건설 당시 도미니크 페로와 협력한 한국의 설계사무소, 범건축의 박형일 부사장이 우리를 기다리고 있었다.

　"이전 캠퍼스는 정문을 들어서면 가파른 언덕을 한참 올라가야 강의실에 다다를 수 있었는데, 새로운 캠퍼스에서는 가벼운 내리막길이 강의실로 안내해줍니다. 기존의 이화광장과 운동장을 곧장 가로질러 본관 앞까지 계곡이 이어지도록 설계한 거죠."

　건물을 짓는다는 행위는 자연에 반反할 수밖에 없다. 땅을 고르고 벽을 세우는 것은 인간을 보호하기 위해 자연을 인간으로부터 분리하는 작업이다. 하지만 인간을 보호하는 동시에 자연을 인간의 삶에 최대한 끌어들이는 것도 건축이 해야 할 몫이다. 도시에서는 특히 그렇다. ECC는 건물을 땅 속에 앉힘으로써 땅 위에 우뚝 솟아 있는 경우와는 전혀 다른 존재감을 발한다. 몸을 숨기면서 자연으로 열린 건축을 완성한 것이다. 양쪽의 유리 파사드는 그야말로 산중의 계곡처럼 웅장하면서도,

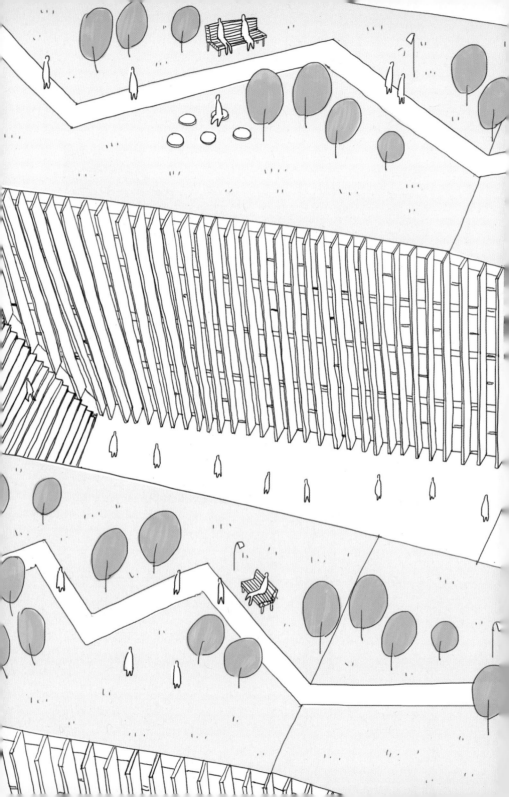

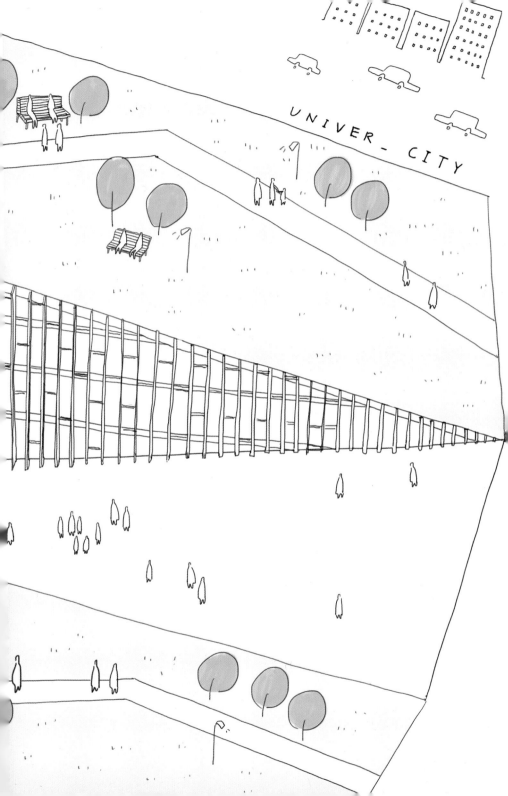

위압적이지 않다. 시시각각 달라지는 빛의 각도는 이 계곡을 끊임없이 '새로고침' 한다. 수직과 수평의 교차는 너울거리는 물결 같기도 하고, 대나무 마디 같기도 하다. 보는 이를 조용하게 압도하는 이 파사드는 페로와 범건축의 합작품이다.

박형일 유리 파사드의 수직선은 규칙적이고, 수평선은 불규칙한 게 보이시나요? 도미니크 페로가 처음 보내온 안은 수직, 수평 모두 간격이 동일했어요. 그런데 한국의 소방법규에 따라 출입구를 확보하려면 수평선에 변화가 필요했습니다. 고심 끝에 수평선을 불규칙하게 배치하자고 페로에게 제안했죠. 하루만 시간을 달라고 하더니, 다음날 수용하겠다는 연락이 왔어요. 이렇게 ECC 작업을 하면서 정말 수많은 문제에 부딪혔는데, 그때마다 페로와 논의하고 수정하면서 해결해나갔어요. 이 파사드가 대표적인 케이스죠. 어떻게 생각하세요?

일동 수평, 수직 간격이 일정했다면 단조로웠을 거예요. 지금의 다양한 간격이 가져온 파사드의 리듬감이 좋네요.

브리지트 오이옹 아! 그러니까 이 파사드의 리듬은 범건축의 제안이었군요.

자크 에스테르 그래도 도미니크 페로 측에서 곧바로 받아들이기는 힘들었나봐. 하루 동안 고민했다는 것을 보면 말이지.

도미니크 페로라는 스타 건축가와 같이 협업을 한다는 데서 자부심

도 느낄 수 있겠지만 '에고'가 강한 건축가인 만큼 호흡을 맞추기가 쉽지는 않을 것이라고 생각을 했다. 늘 그의 대표작으로 소개되었던 프랑스 국립도서관 이상으로 이대 캠퍼스가 성공적인 프로젝트로 꼽히는 데에는 잘 알려지지는 않았지만 범건축의 기여도 클 것이라고 짐작되었다.

박형일 부사장은 파사드 설명에 이어서 환기 등 설비 문제를 어떻게 해결했는지 설명해주었다. 지하 공간과 다름없는 ECC 내의 강의실이 충분히 쾌적하기 위해서는 적절한 온도와 습도를 유지하는 설비시설이 중요했다.

> **자크 에스테르** 텔레비전에서 ECC에 대한 다큐멘터리를 방영했었는데, 그 다큐멘터리에서 잘 설명되었어.
> **민희** 아! 그런 다큐가 있었어? 나는 못 봤는데 꼭 찾아봐야겠어!

프랑스에서 다큐멘터리가 방영될 만큼 ECC가 알려져 있다는 것이 신기했다. 물론 도미니크 페로라는 유명한 프랑스 건축가가 설계했다는 점이 작용했겠지만 그래도 놀랍다. 정작 한국의 우리는 얼마나 관심 있게 ECC를 봐왔는지 모르겠다. 프랑스에서 한국의 언론이 보도한 기사를 본 바로는 긍정적인 평가보다 부정적인 평가가 훨씬 많았다. 무조건 외국 국적의 건축가 앞에서 꼼짝 못하는 사대주의도 문제겠지만, 외국 건축가라는 이유로 더 혹독한 평가를 하는 것도 부당하다.

프랑스에서 일하고 있는 한국인인 내게 이러한 점은 더욱 안타깝다.

프랑스의 경우, 건축가의 고향에 관계없이 그 건축가가 프랑스의 도시 환경에 기여한다는 점을 높이 사고 존중한다. 그래서 주요 프랑스 건축상도 건축가의 국적에 관계없이 프랑스 영토에 건축을 한 건축가를 대상으로 하는 경우가 대부분이다. 반면에 한국의 경우 외국에서 활동하고 있는 한국 국적의 건축가에게 상을 주는 경우를 보았는데, 한국인 특유의 혈통에 대한 집착으로 보인다. 물론 외국에서 활동영역을 어렵게 개척해나가는 한국인에게 용기를 북돋워주는 점도 있겠지만, 그보다는 우리 도시를 위해 고민하고 우리 도시의 건설에 기여한 이들에게 관심을 갖고 정당한 평가를 해주어야 도시에 발전이 있지 않을까.

절에서 뽀뽀하면
안 되나요?

길상사
건축 연도 1997년 창건

이대를 나와 공항으로 가기 전 잠시 짬을 내 길상사에 들르기로 했다. 공식 일정은 아니지만, 절에 가자고 하니 모두들 반기는 눈치다. 복잡한 시내를 벗어나 가을 삼각산의 운치를 느끼며 천천히 길상사로 향했다. 절 안으로 들어가기 전 일주문 앞에서 잠깐 사람들에게 설명을 했다.

"일주문이란 사찰에 들어갈 때 가장 먼저 통과하는 문으로, 두 줄의 기둥을 세우는 일반적인 건물과는 달리 한 줄의 기둥만 세웁니다. '일주 一柱'는 '일심 一心', 즉 한마음으로 진리의 세계로 들어가라는 불교의 가르침을 상징합니다. 일주문을 경계로 세간과 출세간, 생사윤회의 중생계와 열반적정의 불국토로 나뉜다고 해요. 길상사는 고급 요정이었던 대원각을 운영하던 이가 시주를 해 절이 된 곳으로, 대원각 시절 정문을 그대로 사용합니다. 일반 사찰의 일주문과 형식은 다르지만 그 뜻은 다

르지 않아요."

일주문을 지나 불국토로 들어선 다음 자유 시간을 주니 다들 짝을 맞춰 순식간에 흩어진다. 덕분에 조용히 산사를 거닐며 건축 양식을 살펴볼 수 있었다. 길상사는 건물을 배치한 방식이 여느 절과는 확연히 다르다. 요정이 사찰이 되면서 원래 큰 홀로 사용했던 것으로 보이는 건물은 불전이 되었고, 절의 왼쪽을 감싸고 흐르는 야트막한 계곡을 따라 이어지는 방갈로 형태의 작은 별채는 개조해 스님들의 요사채로 쓰고 있다. 작은 건물들이 띄엄띄엄 서 있고, 그 사이사이는 나무들로 채워져 앞서 가던 사람들이 어느 순간 나무와 건물 그림자 속으로 사라지는 것 같다. 이런 특이한 배치는 역시 이 절이 예전에 요정이었기 때문이다.

나의 보스 엘렌은 한국 여행을 하는 2주 중 하루는 템플스테이를 했다고 했다. 평생을 침대 생활을 한 엘렌이 산속의 절에서 하루를 보내고, 뜨끈뜨끈한 온돌 바닥에서 잠을 잤다. 아침에 방에서 밖으로 나왔을 때 밖은 정말 추웠는데 뜨거운 온돌 바닥과 차가운 바깥공기의 극심한 차이가 인상적이었다고 했다. 템플스테이를 하기 전에는 걱정 반, 기대 반이었는데 해보기를 정말 잘했다고 생각했다고 한다. 한국은 이런 곳이구나 하는 것을 템플스테이를 하면서 느꼈다고. 여행을 떠나기 전 책을 통해서 공부하고, 건축 잡지를 통해 한국의 이미지도 보았지만 이렇게 피부로 느껴지는 경험은 템플스테이가 아니었다면 하지 못했을 거라는 이야기다.

나도 경험하지 못한 템플스테이를 하다니 속으로 엘렌이 용감하다고 생각했는데, 길상사에 와보니 이곳에서도 템플스테이, 템플라이프 등 다양한 프로그램을 제안하고 있었다. 템플스테이는 절에서 하룻밤을 보내는 일정으로 진행되는 프로그램이고, 템플라이프는 하룻밤을 보내는 것이 부담스러운 이들이 2~4시간의 짧은 시간 동안 참선 수행을 체험할 수 있는 프로그램이다. 혼자 한국에 올 때는 안락한 부모님 댁 아파트를 두고 템플스테이를 하기가 쉽지 않다. 언젠가 프랑스에서 친구가 온다면 함께 템플스테이를 해보리라 다짐했다.

숨겨진 곳도, 숨을 곳도 많은 길상사에서는 혼자만의 시간을 보내기에 좋다. 가만히 앉아 번잡한 마음을 내려놓기에 좋은 공간이다. 불자가 아니어도 괜찮다. 절은 누구에게나 열려 있다. 일행들도 한껏 자유롭게 여기저기 누비고 다니는 것을 보니 마음이 편해졌다. 이리저리 거닐다 마음에 드는 자리를 찾아 혼자 앉아 있는데, 근처에서 어떤 스님이 외치

는 소리가 들렸다.

"안 돼요, 안 돼. 절에서 그러는 거 아닙니다!"

무슨 일인가 놀라서 소리 나는 쪽을 보니, 스님이 우리 일행 중 한 커플에게 훈계를 하고 있었다. 풍경에 취해 가볍게 키스를 하는 모습을 스님이 본 모양이었다. 어리둥절한 표정으로 나를 바라보는 중년 커플에게 절에서는 그렇게 다정한(?) 애정 표현을 하면 안 된다고 설명하니, 왜냐고 물어온다. 그러게? 왜일까? 갑자기 어떻게 설명을 해야 할지 재빨리 떠오르지 않았다. 더듬더듬 "불교의 교리를 따르면, 출가를 한 스님은 육식, 결혼 등이 금지돼 있어서 그렇다"라고 설명했지만, 두 사람은 여전히 이해하기 어렵다는 표정이다. 불교는 평화와 사랑을 논하는 종교 아니냐, 왜 뽀뽀도 못 하게 하느냐며 장난스럽게 농담을 하는 그들을 보니 시인 백석과 그를 사랑한 기생 자야의 이야기가 떠올랐다. 어리둥절한 두 사람을 위해 길상사에 얽힌 러브 스토리를 들려주기로 했다.

"사실 이 절에는 애절한 러브 스토리가 있어요. 1900년대 초중반, 유명한 시인 백석과 기생 자야의 이야기입니다. 둘은 열렬하게 서로를 사랑했는데, 신분 차이, 집안의 반대 등으로 갈등을 겪다가 만주로 함께 떠나려 했지만 결국 헤어졌죠. 백석 시인은 자야에 대한 마음을 「나와 나타샤와 흰 당나귀」라는 시로 표현하기도 했는데, 여기서 나타샤는 자야를 뜻합니다. 시는 '가난한 내가 아름다운 나타샤를 사랑해서……' 이렇게 시작해요. 이후 자야는 대원각을 운영하며 큰돈을 벌었고, 아시다시피 그녀가 이곳을 시주하면서 지금의 길상사가 되었죠."

자야가 지금의 길상사 건물과 땅을 시주하던 당시 땅값만 약 1,000억

원에 달했다고 한다. 일설에 의하면 그녀는 "아무리 비싸도 그 사람 시
한 줄만 못하다. 다시 태어나면 나도 시를 쓰고 싶다"라는 말을 남겼다
고 전한다.

파스칼 당신은 내가 쓴 사랑의 시와 돈 중에서 고르라면 뭘 택할 거야?

마리아 음…… 아마도 돈?

시인과 여인의 사랑 이야기의 여운도 단번에 덮어버리는 중년 부부
의 실없는 농담을 들으며, 불국토를 뒤로하고 생사윤회의 중생계로 옮
길 시간이 되었음을 깨달았다.

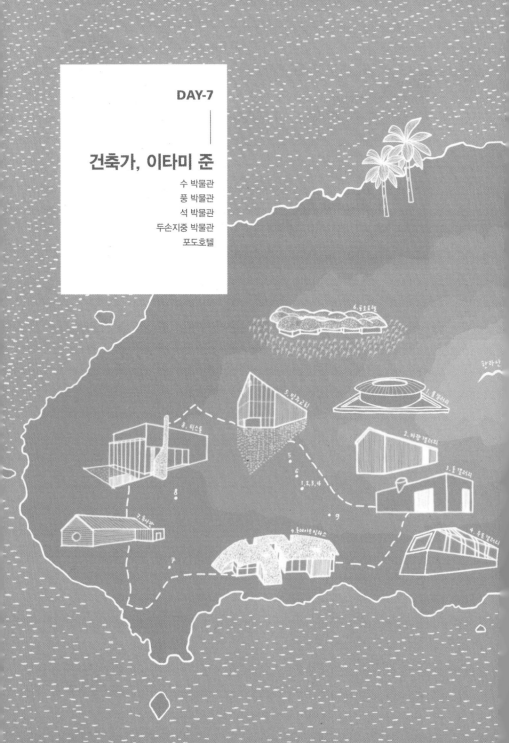

DAY-7

—

건축가, 이타미 준

수 박물관
풍 박물관
석 박물관
두손지중 박물관
포도호텔

공간을 비워 담은
하늘

수*박물관
건축가 이타미 준 건축사무소
건축 연도 2006

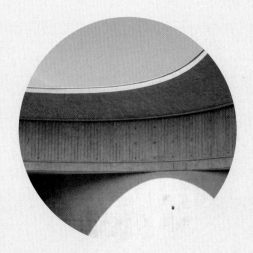

한국을 처음 방문하는 사람에게 서울을 보여준 다음 두번째로 소개할 만한 도시는 과연 어디일까? 가장 먼저 부산이 떠올랐다. 프랑스 남부에 있는 마르세유처럼 풍토와 개성이 확실한 항구도시 부산은 참 매력적이지만 남은 사흘 동안 다니기엔 너무 넓다. 그럼 경주는 어떨까? 풍부한 역사 자원을 갖고 있지만, 현대 건축물을 보기에는 다소 아쉬운 면이 있다. 일정을 짜면서 며칠 동안 고민을 하던 중 우연히 이타미 준이 설계한 제주의 건축물 사진을 보게 됐다. 검푸른 대지 속으로 녹아든 듯한 그 작품이 마음에 들었다. 도시에서는 좀처럼 느끼기 어려운, 정신적인 그 무엇이 강렬하게 다가왔다. 그래, 제주로 가자.

늦은 저녁 제주에 도착해 하룻밤을 보내고 이튿날 아침, 우리는 버스를 타고 제주를 달렸다. 모두들 이 섬의 풍광에 흠뻑 빠졌다. 프랑스어

에 능통한 바바라가 부드러운 어조로 "제주는 바람, 돌, 여자가 많아 삼
다도라 불리기도 했다"라는 익숙한 내용을 프랑스어로 읊조리는 걸 듣
고 있자니 기분이 묘했다. 오랜만에 귀국했는데 부모님과 제대로 인사
도 나누지 못하고 며칠 후면 파리로 돌아가야 하는 상황에서 프랑스어
로 제주를 안내하는 그녀의 목소리가 묘하게 내 안의 향수를 자극했다.
모국에서 이방인이 된 듯한 기이한 감상에 잠겨 창밖을 애틋하게 바라
보았다. 그리고 옆에 있는 사람들을 둘러보았다. 서울에 이어 제주까지
함께 여행하면서 나는 이들과 많이 가까워졌다. 여행은 친구를 만들어
준다. 바닷바람처럼 거세게 울렁거리던 마음이 차분하게 가라앉는다.

 오늘은 제주에 있는 이타미 준의 작품들을 순차적으로 살펴보기로
해서 리조트 '비오토피아' 단지 안에 있는 수水, 풍風, 석石, 두손지중 박물

관으로 향했다. 제주를 구성하는 세 요소—바람, 돌, 여자—에서 모티프
를 따온 이 시리즈는 이름 그대로 물, 바람, 돌, 기도하는 두 손을 형상
화한 건축물이다. 이 얼마나 멋진 발상인가. 여행 내내 나는 이곳에 오
는 순간을 고대했다. 비오토피아 단지에 들어서자 상상이 어떻게 현실
로 구현될지 가슴이 두근거렸다.

제주의 생명력과 자연을 느낄 수 있도록 꾸며진 광활한 생태공원을
지나 마침내 수 박물관에 당도했다. 담벼락 사이의 미로를 지나 안쪽으
로 들어가자 놀라운 광경이 펼쳐졌다. 아무것도 없는 빈 공간, 바닥의
물 위에 하늘이 둥글게 누워 있었다. 순식간에 지각을 흔들어버리는 공
간의 힘이 놀랍다. 하늘을 향해 열려 있기에 물은 태양의 움직임을 고스
란히 반사하며 매 순간 모습을 바꾼다.

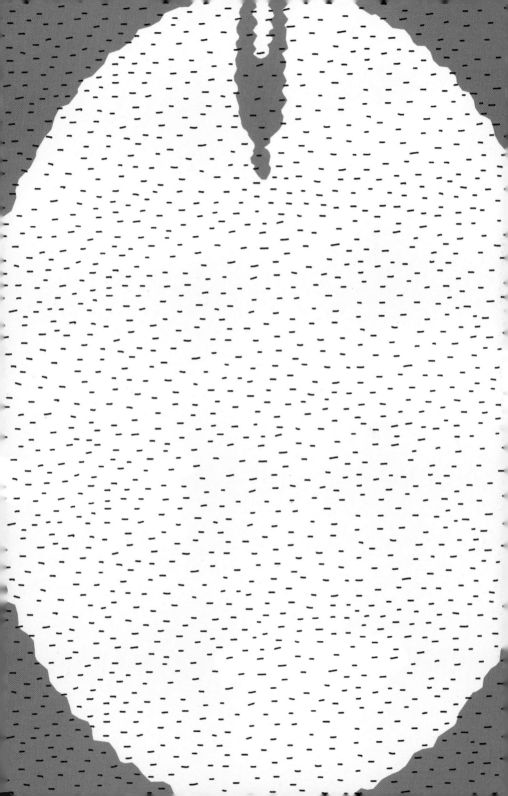

감각을 이 공간에 내맡기고 이 순간을 오래 음미한 다음 소재와 구성을 뜯어보았다. 콘크리트 벽은 평면에서는 '선'이었을 테지만, 현실에서는 '면'이 되어 기본 바탕 역할을 하고, 그 안은 비어 있는 것처럼 보이지만 물이 주인공이 되어 발아래에서 존재감을 발하고, 그 주위로 자연석이 본래 모습 그대로 잠자는 것처럼 자리잡고 있다. 최소한의 물질로 구성된 수 박물관을 둘러보면서, 한 획으로 난을 치는 선비의 모습이 떠올랐다. 무시무시하게 절제된, 지극히 기본적인 요소뿐이지만 기품과 정신적 충만함까지 느껴진다. 이는 건축가의 응축된 심상이 실체를 얻는 순간 발하는 에너지 덕분이다. 이타미 준의 정신이 이곳에 스며들어 있음을 확실히 알 수 있었다.

일행은 수 박물관의 순수한 조형에 깊이 매료되어 감탄을 연발했다. 한참을 둘러보다 근처 억새밭에 누워 잠을 청하는 이도 있었다. 아마 자신만의 시간이 필요했던 것이리라. 물 위에 비친 하늘을 보다보면 한없이 빨려 들어갈 것 같다. 기분 좋은 침잠. 각자 자신의 심연 깊은 곳으로 빠져들어 스스로 돌아보게 만드는 공간이다. 또한, 이곳에서 건축은 인간의 심신을 돌보고 치유시킨다는 믿음을 새삼 확인할 수 있었다.

바람의 노래를
들어라

풍風 박물관
건축가 이타미 준 건축사무소
건축 연도 2006

이타미 준은 이방인으로 살다 떠났다. 이방인이지만 세계인을 꿈꾸었고, 먼 나라에서 온 이들을 감동시켰다. 재일교포 2세였던 그의 본명은 유동룡庾東龍이었으나, 일본에도 한국에도 완벽하게 속하지 못한 현실에서 벗어나 세계인이 되겠다는 다짐으로 스스로 이름을 바꾸었다. '이타미'는 그가 처음으로 일본을 떠났을 때 들른 오사카 이타미 공항에서 따왔고, '준'은 절친한 사이였던 작곡가 길옥윤의 '윤潤'(일본어 발음으로 '준 じゅん')에서 따온 것이라고 전한다. 건축가로서 이타미 준의 기반은 일본이었지만, 예술가로서 개인으로서 그의 뿌리는 한국이었다. 그는 특히 한국의 고미술품과 전통건축의 온화한 기품에 매료됐고, 이를 보기 위해 부지런히 고국을 누비고 다녔다. 일본의 건축 잡지『신건축』『실내』등에 그가 기고한 칼럼을 보면 한국의 고미술품에서 많은 영감과 격려

를 받았다는 구절이 나온다. 그는 오랜 세월 한국의 민화, 백자, 불상 등을 수집했는데, 이를 통해 앞서 수 박물관에서 느꼈던 순수한 조형성의 추구를 유추할 수 있다.

어디에서도 그를 온전히 받아들이지 않았던 세상은 아이로니컬하게도 경계에 선 건축가 이타미 준을 만들었다. 그는 경계에서 그 누구보다 강렬하게 자신만의 세계를 정립하고 뿌리내렸다. 이타미 준은 일본과 한국을 오가며 활발히 활동하며 특유의 원시적, 야성적인 건축세계를 펼쳐나갔다. 세계적으로 명성을 얻으며 파리의 기메 미술관(유럽 최대의 동양 미술관)에서 〈이타미 준, 일본의 한국 건축가〉라는 제목으로 개인전을 열기도 했고, 2005년에는 프랑스 문화훈장을 받기도 했다.

어린 시절을 일본 시즈오카에서 보낸 이타미 준은 바다와 바람, 돌에 천착했는데, 그런 그에게 제주의 풍경은 특별할 수밖에 없었다. 2011년

세상을 떠난 그는 제주에 여러 유작을 남겼다. 그의 유해는 아버지의 고향인 거창의 선산과 그가 제2의 고향이라고 말했던 제주 바다에 뿌려졌다.

수 박물관에 이어 도착한 풍 박물관은 제주의 바람을 담기 위해 고안된 나무 상자로, 밖에서 보면 창고인가 싶을 정도로 소박한 오두막에 불과하다. 직사각형으로 보이지만, 가까이 가면 상자의 한 면이 활처럼 휘어 있는 것을 알 수 있다. 바람을 음악으로 만들기 위한 장치다. 안으로 들어가 나무 틈 사이로 오가는 바람소리에 귀를 기울였다. 바람과 함께 억새 위로 빛과 공기가 부서지며 함께 나부끼는 소리도 스며든다. 한동안 가만히 소리에만 집중하니 주변의 소리가 점점 더 선명하게 들리고, 눈까지 감으니 이윽고 모든 감각이 외부로 활짝 열린다. 제주의 거친 땅에서 살아가는 수많은 생명과 조우하는 기쁨이 온몸으로 느껴졌다.

눈을 뜨고 소박하다 못해 아무것도 아닌 듯한 공간을 다시 둘러보았다. 이타미 준은 돌, 흙, 나무, 바람, 물 같은 자연 소재에 끊임없이 관심을 기울였고, 본래의 질감을 최대한 살려 '현대건축에 결여된 따스함과 야성미'를 추구했다고 평가받는다. 그가 사용한 자연의 재료들은 100년 남짓한 인간의 수명은 가볍게 뛰어넘는 영속성을 지니고 있다. 시간이 흐르고 또 흘러도 크게 변하지 않으며, 오히려 세월을 끌어안으며 더욱 아름다워진다. 먼 훗날, 해체돼 자연으로 돌아간다 해도 결코 추하지 않다. 첨단, 최신 등의 수식어를 달고 쏟아지는 인공적 자재들은 처음에는 깨끗하고 편리하지만 거기에서 '온기'와 '야성미'를 찾기는 힘들다.

이타미 준은 시간을 초월하는 것들을 통해 무엇을 남기고 싶었던 걸까. 바람소리로 가득한 오두막에 서서 가만히 생각해본다. 바람이 거세질수록 건물 전체가 바람이 연주하는 악기가 되어 노래한다. 바람의 노래, 생명의 춤은 완전무결하게 영원하다. 이타미 준도 그것에 위로받은 것은 아닐까.

아름다운 폐허

석ᇗ 박물관
건축가 이타미 준 건축사무소
건축 연도 2006

인류 역사상 가장 아름다운 발명품은 무엇일까? 아이폰? 페라리? 프랑스 철학자 가스통 바슐라르Gaston Bachelard는 21세기의 가장 아름다운 발명품으로 '폐허'를 꼽는다. 인간이 짓고 허물고 다시 지으며 지나온 자리에는 필연적으로 '폐허'가 남았다. 그 무엇도 더이상 기능하지 않는 곳, 폐허. 이타미 준은 자신의 책 『돌과 바람의 소리』에서 그리스 아테네의 파르테논 신전을 여러 번 언급하며, 폐허에 가까운 이 건축물이 아크로폴리스 언덕을 비범한 땅으로 만들었다고 했다. 그의 글을 읽으며 인간이 만들고 지금은 거의 허물어진 구조물의 그림자가 지중해의 강렬한 태양 아래 길어지는 광경을 그려보았다. 그는 그곳에서 무엇을 느꼈던 것일까? 석 박물관을 보면서 역설적이게도 원시적 생명력이 아니었을까 하는 생각이 들었다. 돌은 시공을 관통하는 소재다. 인간은 돌에

염원을 담곤 한다. 대부분 돌조각으로 돌아간 파르테논 신전의 남은 기둥을 보며 우리가 경이로워 하는 것은 그것에 강렬하게 각인된 인간의 흔적, 삶의 기억 때문이다. 아름다운 폐허라는 모순은 성립 가능하다.

석 박물관은 이러한 '폐허의 정서'를 고스란히 담고 있는 공간이다. 비바람 등 외부 환경의 영향을 그대로 받아들이며 제 몸에 그 흔적을 새기는 코르텐스틸을 사용했으며, 이렇게 붉게 녹이 슨 철의 물성은 영원히 변하지 않을 것 같은 돌덩이와 강렬한 대비를 이룬다.

안으로 들어가면 건축가의 의도가 한층 뚜렷하게 드러난다. 큰 유리창 밖을 보니 돌이 놓여 있다. 내부에서 바라본 돌은 한결같이 꿋꿋하다. 이타미 준이 이곳을 설계할 때 어떤 이미지를 떠올렸을지 선명하게 그려지는 연출이다. 내부는 아주 어둡다. 눈이 적응할 때까지 기다렸다 자세히 보니 바닥에 동그란 표시가 있다. 마치 하늘을 향해 동그랗게 뚫린 실린더를 통해 빛이 쏟아지는 지점을 표시해둔 듯하다. 이곳에 잠시

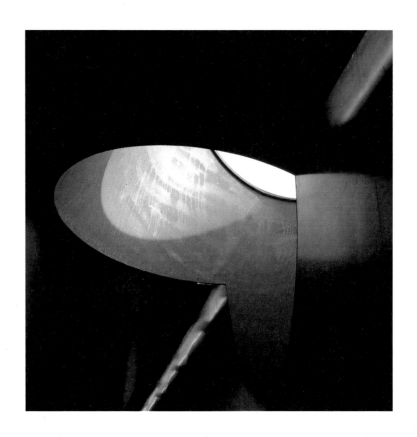

Photo © Jean-Pascal & Nadia Crouzet

혼자 있을 수 있다면 좋겠다는 바람이 생겼다. 저곳에 빛이 완벽한 각도로 떨어지는 순간, 아주 순수한 독백을 읊을 수 있을 것 같았다. 그런 시간이 필요한 이들을 위한 무대가 어둠과 폐허 속에 있었다.

이타미 준은 파르테논 신전에서 얻은 감동을 제주도의 전설 속에 실현했다. 현대 건축가가 얽매일 수밖에 없는 새로움이나 개성이라는 사사로운 욕심을 훌훌 떨쳐버리고, 인간애와 영원을 상징하는 건축물을 만들고자 했다. 공간을 체험하는 것만으로 새로운 영감과 삶의 에너지가 영혼을 채워주는 느낌을 받는 건 흔치 않은 일이다. 그가 제주에 남긴 작품은 시처럼 간결한 정수를 응축하고 있다. 먼 훗날 그의 뜻대로 폐허가 되더라도 가치는 사라지지 않는 건축을 실현한 것이다. 제주가 본래 지닌 아름다움을 더욱 비범하게 만들어주는 건축이다.

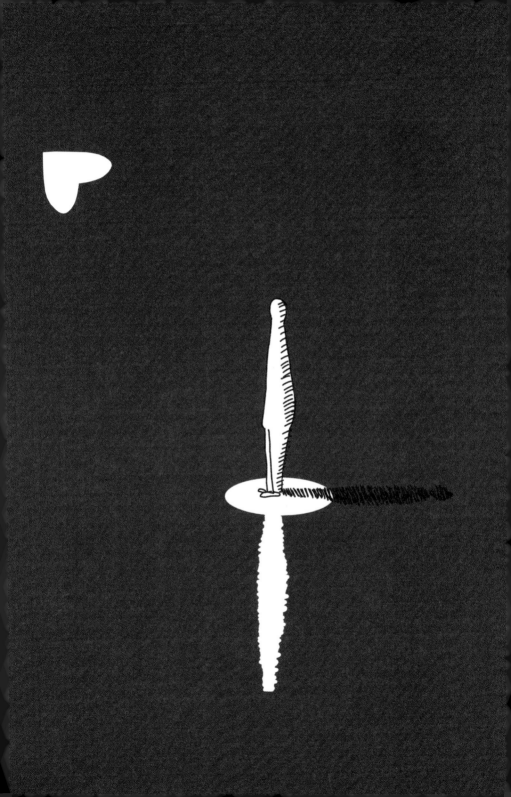

리샤르는 여느 때와 같이 멀찌감치 잔디 위에 자리를 잡고 앉더니 급기야 누워버렸다. 하늘을 보는지 어디든 잘 누워버리는 모습이 여행을 편히 즐기는 듯해서 보기 좋았다. 더구나 다른 일행 대부분은 부부인 경우가 많은데 리샤르는 혼자 여행을 왔으니 더 자유로워 보였다. 잔디에 잠시 누운 리샤르는 스케치는 포기하고 낮잠이라도 자는 모양이라고 생각했었는데, 여행을 마치고 내게 선물해준 그의 그림책에는 석 박물관의 모습이 수채화로 완성되어 있었다. 이곳이 리샤르에게 또다른 창작의 영감으로서 '폐허'에서 새로운 창작이 시작되는 순간이 되었기를 바란다.

기 도 하 는
마음

두손지중 박물관
건축가 이타미 준 건축사무소
건축 연도 2006

남자들은 배 타고 고기잡이 나가고, 여자들은 뭍에서 집안을 돌보며 사랑하는 이가 무사히 돌아오길 기도한다. 애 태우며 먼 바다를 한없이 응시하는 여인의 모습을 이타미 준은 두 손 모아 기도하는 형상의 건축물로 표현했다. 이렇게 제주 사람들의 삶과 엮어 두손지중 박물관을 소개하는데, 일행들은 진지하게 듣는가 싶더니 또 슬슬 농담이 튀어 나온다.

"과연 남편을 기다리는 걸까?"

"안 돌아오길 기도하는 건 아닐까?"

역시 프랑스 사람들이란. 이들이 사랑에 대해 보이는 태도에 가끔 깜짝 놀랄 때가 있다. 사랑에 흠뻑 빠지는 걸 경계하는 느낌이랄까. 적어도 내가 아는 프랑스 사람들은 우리가 상상하는 것처럼 로맨틱하진 않다. 하긴 이곳을 설명하는 단어로는 사랑보다는 염원이 좀더 적절하리라.

두손지중 박물관이 자리잡은 대지에 서면 건물 너머로 산방산이 보인다. 두 손을 모으고 산방산을 바라보며 기도하는 형상이다. 최근 몇 년 사이 제주에 개발 바람이 불어닥치면서 이 섬에는 참으로 많은 건물들이 들어섰다. 그중 제주라는 땅이 지닌 가치를 진정 소중하게 여기며 조화를 이루고자 노력한 경우가 얼마나 있을까? 수, 풍, 석을 거쳐 두손지중 박물관에 이르면 제주에 인간이 더한 건축물 중 이렇게 마음 편히 대할 수 있는 예가 있다는 것에 고마운 마음이 든다. 이타미 준에게 건축은 '인간이 더 나은 삶을 추구하기 위해 바치는 또다른 자연'임을 새삼 되새기게 된다. 일행 중 예술에 조예가 깊은 콜레트는 이런 말을 했다.

"보통 건축은 기능과 예술 사이에 위치하기 마련인데, 이 박물관 시리즈는 예술성의 극점에 치우쳐 있어. 일반적으로 건축은 비바람을 피하고 생활에 편리한 기능을 갖춰야 마땅한데, 여긴 그런 기능이 없네. 오직 정신만 남아 있을 뿐. 이 박물관은 건축이라기보다는 예술작품으로 봐야 해."

콜레트의 말처럼 수, 풍, 석, 두손지중 박물관은 건축과 예술작품의 경계에 있다. 사실 건축가의 일은 대부분 지극히 현실적인 것들로 채워져 있다. 제한된 면적 안에서 방 한 칸을 더 내기 위해 애쓰고, 필요한 주차 대수를 확보해야 하고, 소방법규 등 각종 법규 준수에 신경써야 하고, 건축주의 예산을 넘지 않도록 견적을 내야 한다. 필요를 주장하는 수많은 요소를 자잘하게 챙기다보면 정신적 가치를 추구한다는 것은 거의 불가능하게 여겨진다. 현실에 매몰되는 것이다. 그러다보면 기껏해야 아주 작은 조형성을 더해 건축가로서의 자아를 위로하는 것으로

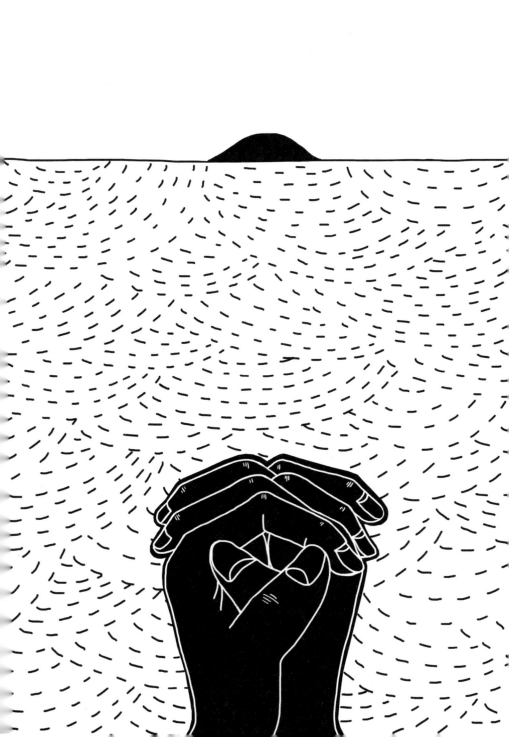

그치기 십상이다. 이것이 건축인가 회의에 빠지기도 한다.

그런 일상을 살아내는 건축가로서 이타미 준의 건축물은 경이롭게 느껴졌다. 물론 이타미 준이라는 건축가가 추구해온 가치, 도시보다 상대적으로 덜한 공간적 제약, 비일상적 기능이 허용되는 프로젝트라는 조건이 있었기에 이런 결과물이 나올 수 있었을 것이다. 하지만 이 박물관 시리즈를 두고 그저 삶과 멀리 떨어져 있다고, 일상에서는 절대 있을 수 없는 일이라고 잘라 말할 수 있을까? 그렇지 않다. 바람에 나부끼는 억새 사이를 누비며 수, 풍, 석, 두손지중 박물관을 차례차례 들르다보면 마음에 쌓인 먼지가 깨끗한 물과 바람과 감동에 씻겨나가고, 새로운 내일을 꿈꾸게 된다. 나아가 매일 먹고사는 일에 부대끼는 일상이 시詩가 되지 못할 이유도 없다는 생각도 든다. 일신우일신日新又日新. 이타미 준이 남긴 이곳은 비일상적인 감동을 선사해 일상이 좀더 좋은 방향으로 흘러가도록 도와준다. 그것이 이곳의 기능이다.

수, 풍, 석 박물관을 지나 마지막으로 두손지중 박물관을 보고 돌아오면서 이타미 준이라는 새로운 건축가를 알게 된 하루였다. 미셸은 한 건축가의 작품들을 하루 동안 돌아볼 수 있어서 참 좋았다고 했다. 아무래도 본래 MA의 주요 여행 콘셉트가 거장의 건축을 찾아 떠나는 여행이다보니, 거장 한 사람에 집중하기보다 다양한 한국 현대건축의 면모를 살피는 이번 건축 여행이 어떨지 예상하기가 어려웠을 것이라고 생각한다. 안도 다다오나 프랭크 로이드 라이트 같은 거장 건축가들의 건축 답사는 학생 때부터 본 수많은 책에 그들의 건축이 인용되기 때문에 건물을 실제로 보는 것만으로도 느끼게 되는 감동이 있다. 마치 로마를 처음 방문했을 때 콜로세움 앞에 서면 단지 내가 책에서 보던 바로 그 콜로세움 앞에 있다는 사실만으로도 감격에 벅차게 되는 것처럼 말이다. 답사 중 한국의 건축가를 소개할 때는 이들에게 그 이름이 낯설어서 반복해서 발음해주곤 했다. 하지만 오늘 하루로 적어도 이타미 준이라는 건축가의 이름은 이들의 마음속에 각인된 것 같다.

몇몇은 이번 순서를 역으로 했으면 더 좋았을 것이라고 말했다. 두손지중 박물관이 마지막 답사지였는데 아무래도 처음에 방문한 수 박물관의 감동만 못하다는 것이다. 그래서 가장 먼 곳에 있는 두손지중 박물관에서 답사를 시작해서 석, 풍 박물관을 지나 마지막에 수 박물관으로 정점을 찍었다면 더 좋았을 것이라는 지적이었다. 미처 생각하지 못한 부분이었다. 이 건축물들이 하나의 연작인 만큼 그 답사의 순서를 계획하는 것도 감동을 고조시키는 한 가지 장치일 수 있다는 점을 간과했다.

오름이 된
호텔

포도호텔
건축가 이타미 준 건축사무소
건축 연도 2001

이리저리 춤추는 검은 돌담길 너머, 하늘과 닿은 이 지붕은 출렁이는 파도인가, 언 대지를 뚫고 솟은 울렁이는 언덕인가. 제주 산중턱, 아무것도 거칠 것 없는 외딴 마을에 위치한 포도호텔의 지붕은 편안하다. 그 모양이 계산된 기하학 조형으로 보이지 않고 자연스럽게 들어앉아 주변 경관과 어우러지기 때문이다.

도시공학자 티에리 파코Thierry Paguot는 지붕을 우주의 문턱이라고 했다. 포도호텔의 지붕이 우주의 문턱이라면, 정말 환상적인 우주가 펼쳐질 것만 같은 기분이 든다. 지붕의 아래 선은 일직선으로 평온하고 지붕의 윗선은 둥글둥글 춤을 춘다. 이 호텔을 높은 곳에서 내려다보면 포도 알맹이들이 방울방울 달려 있는 포도와 닮아 그 이름도 '포도호텔'이다. 건축가 이타미 준은 제주도의 오름에서 영감을 받아 이 호텔을 설계했

다고 한다.

　호텔을 감싸고 있는 주변 조경도 탁월하다. 바다에서 한 시간 정도 떨어져 있지만 지대가 높아 바다가 내려다보인다. 제주의 전통 가옥 앞에서 흔히 보는 것처럼, 호텔 앞으로는 제주식 텃밭이 펼쳐져 있다. 이 텃밭은 그 자체로 멋진 조경이 될 뿐만 아니라, 여기서 직접 기른 채소를 호텔 식당에서 요리 재료로 쓴다고 하니 그야말로 일석이조다. 그러고 보니 오름에서 영감을 받았다는 지붕이 제주 전통 가옥에서 보는 초가지붕의 곡선과도 닮았다. 바람이 센 환경 요인 때문에 격자로 단단하게 매듭을 지어가며 엮어 만든 지붕 말이다.

　호텔 내부로 들어가면 곳곳에 하늘을 향해 열린 공간들이 있다. 객실

쪽으로 진입하는 넓다란 복도의 천장도 가늘게 열려 있고, 복도를 지나오면 가운데가 동그랗게 열린 '케스케이드'도 만나게 된다. 호텔 한가운데 둥근 실린더 모양으로 만들어진 정원이다. 실내에서 계절의 변화에 따라 시시각각 아름다운 풍경이 연출된다. 파란 하늘에 억새가 춤을 추는 모습도 아름답지만 눈이 살짝 쌓인 모습도 아름답다.

조금 더 깊숙이 들어가면 네모난 중정을 둘러싼 객실이 나오고 객실 차양이 가슴 높이까지 내려와 있다. 이 차양의 높이는 맞은편 객실의 사생활은 지켜주면서 중정의 풍경을 감상하기에도 충분하다. 중정에는 혼자만의 산행에서 만날 수 있는 요란하지 않은 제주의 자생식물이 심겨 있다. 야생식물들을 이렇게 섬세하게 담아놓으니 참 멋들어진다.

호텔은 객실 수가 그리 많지 않다. 침대가 있는 양실 13실과 온돌식 한실 13실로 총 26개의 객실로 이루어져 있는데 우리는 종류별로 객실을 각각 둘러볼 수 있었다. 그중 인상적이었던 것은 한실의 천장과 바닥이다. 천장은 가운데가 더 높은 형태로 천장을 받치는 나무 구조물이 그대로 노출되어 있다. 벽에도 나무줄기가 튀어나온 것 같은 부분이 있는데, 다듬어진 모양이 정교하지 않고 본래 나무의 모양을 그대로 살려 구부러진 채다. 바닥은 옛 제주 방식 그대로 두껍고 질긴 종이에 콩기름을 여러 번 덧칠하여 마감했다. 내가 무심결에 그냥 넘어갈 뻔한 부분을 마담 마레쇼의 질문 공세로 호텔 매니저가 설명해준 내용이다. 마담 마레쇼는 바닥의 노란색이 예쁘다며 질문을 했고 호텔 매니저의 설명에 따르면 이는 제주도에서 나는 콩기름 덕분에 나오는 색이라고 한다.

예산 관계상 이 호텔에서 밤을 지내지는 못했지만 이곳에서 보내는 밤은 어떨지 궁금해진다. 고요하고 평화로울까? 반짝이는 우주의 셈 없는 속삭임으로 잠 못 이루는 밤은 아닐까.

　버스에 몸을 싣고 숙소로 돌아오는 길, 미셸은 내게 다가와 '이타미 준 프로젝트'로 채워진 오늘의 프로그램이 참 좋았다고 이야기해줬다. 창밖에는 이미 어둠이 내려앉았다. 버스에서 가이드 바바라가 마이크를 잡고 노래를 불러 분위기를 흥겹게 띄웠다. 곡목은 「아리랑」. 각 지역별 버전을 선보이는데 솜씨가 제법이다.

　아리랑 메들리를 마친 바바라가 나에게 마이크를 넘겼는데, 나는 당황하지 않고 이번에는 프랑스 일행이 샹송으로 답할 차례라고 말해두었다. 프랑스인이라면 누구나 알 만한 에디트 피아프의 「장밋빛 인생La Vie en Rose」의 앞부분을 선창했다. 내가 가사를 잊어 라라라~ 하고 얼버무리자, 버스 전체가 노래를 받아 합창을 한다. 내 뒤에서 르네가 고운 목소리로 노래를 부르기에 냉큼 마이크를 그녀에게 넘겼다.

　연이어 샹송이 흘러나오며 버스는 신나게 달린다. 제주 밤길을 달리는 버스의 지붕도 우리를 어딘지 모를 환상의 세계로 안내할 것만 같다.

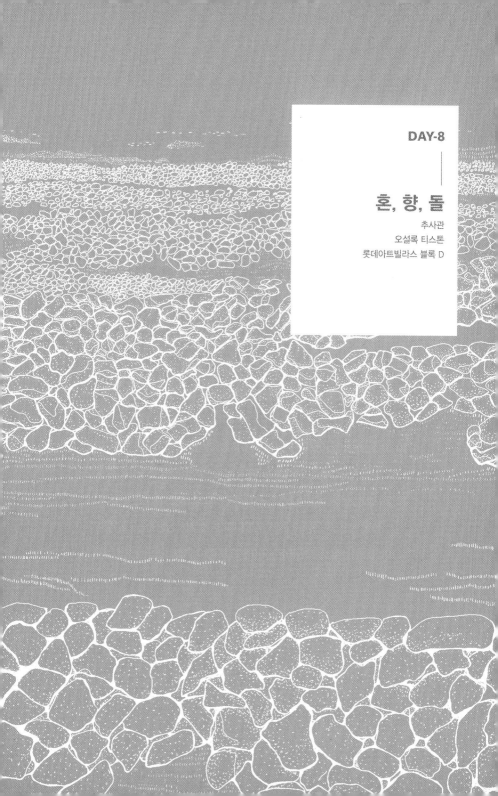

DAY-8

혼, 향, 돌

추사관
오설록 티스톤
롯데아트빌라스 블록 D

추방자의
공간

추사관
건축가 승효상(이로재건축사사무소)
건축 연도 2010

추사관
Memorial House of Chusa

파리를 방문하는 대부분의 사람들은 노트르담성당에 들른다. 파리의 중심지이자 유명한 관광지로 1년 내내 붐비는 곳이다. 하지만 이곳에 간다면 꼭 함께 들러봐야 할 곳은 정작 잘 알려져 있지 않다. 노트르담성당을 오른쪽으로 돌아서 약 350미터 정도 가면 성당 바로 뒤, 시테섬의 끄트머리에 중요한 기념관이 하나 있다. 아주 나지막하게 자리잡고 있는 건물이라 눈에 잘 띄지 않아서 모르고 가면 지나치기 쉽다. 알고 찾아가도 센강의 수면과 가깝기 때문에 개관 시간도 들쭉날쭉, 닫혀 있는 경우가 종종 있다.

이 기념관의 이름이 독특하다. 바로 '추방당한 순교자들의 기념관Mémorial des Martyrs de la Déportation'이다. 핏빛 글씨가 벽에 씌어 있는 이 공간은 방문객으로 하여금 그 시대의 고통을 상기하도록 만든다. 입구는 아

추방당한 순교자들의 기념관 / Photo ⓒ 강민희

주 좁고 가파른 계단을 통해 내려가게 되어 있는데, 내려가다보면 저 건
너편에 아주 날카로운 철 구조물이 보이고, 그 밑으로는 센강이 보인다.
몸을 돌려서 안쪽으로 들어서면 나치의 강제수용소에서 희생된 셀 수
없이 많은 희생자들을 상징하는 20만 개의 유리 조각이 있다. 노트르담
성당 앞의 시끌벅적함과는 전혀 다른 풍경이다. 추방당한 자들을 위한
공간은 이렇게 형상화되어 있다.

제주에서 맞는 두번째 아침. 또다른 추방자의 공간, 추사관秋史館부터
가기로 했다. 조선 후기의 천재적 문인이자 예술가 추사 김정희秋史 金正
喜.1786~1856가 제주에서 오랫동안 유배 생활을 했던 것은 잘 알려져 있다.
지금 제주는 천혜의 자연을 간직한 아름다운 섬이지만 조선시대에는
'유형流刑'이라는 가혹한 형벌의 장소였다. 유형은 죄인을 먼 지방으로

유배를 보내 고향으로 돌아오지 못하게 하는 벌로, 당시 제주는 그야말로 나라의 끝, 한번 가면 살아 돌아오기 어려운 엄혹한 유형지였다. 조선시대에 당쟁 때문에 수많은 이들이 유형에 처했는데, 김정희 역시 윤상도의 옥사에 휘말려 제주로 유배되었고, 9년 만에 간신히 풀려난 이후 또다른 사건에 연루돼 함경도 북청으로 유배되기도 했다. 추방자의 삶이었다.

미셸 페로 그렇다면 죄수들에겐 제주가 곧 감옥이었겠네. 프랑스에도 남부 마르세유 근처 섬에 '이프 성Chateau d'If'이라는 유명한 감옥이 있지. 알렉상드르 뒤마의 소설 『몽테크리스토 백작』에도 등장하는 곳인데, 지금은 해마다 수만 명이 찾는 관광명소가 됐어. 그러고

기념품
세한도

보면 사람 사는 곳은 다 비슷비슷해.

민희 「빠삐용」 같은 영화 때문인가? 프랑스의 섬 감옥에선 탈옥 시도가 많았을 것 같은데, 귀양살이 하던 조선 선비가 탈옥을 시도했다는 이야기는 들어본 적이 없네요.

고된 귀양살이에서 추사를 지탱해준 것은 학문과 예술이었다. 그렇게 완성한 것이 그 유명한 추사체다. 추사체는 그가 평생 탐구하고 시도해온 과거 서법을 바탕으로 만들어낸 완전히 새롭고 독창적인 서체라 평가받는다. 추방된 자는 끝없는 단련을 거쳐 어떤 정신적 경지에 이르렀고 그 한 단면이 그의 서체로 드러난다. 그의 담백하고 꾸밈없는 서체는 보는 이의 마음을 움직인다.

추사 김정희, 「세한도」, 종이에 수묵, 23.7×108.2cm, 1844, 국보 제180호, 국립중앙박물관

　추사관을 설계한 건축가 승효상은 추방당한 자를 기리는 공간을 만들기 위해 관람자들이 지하로 내려가면서 격리된 공간으로 향하기를 바랐다. 추사관은 밖에서 보면 「세한도」에 등장하는 작은 집을 닮았다. 「세한도」는 추사가 1년 중 가장 추운 날의 풍경을 그린 그림이다. 그림을 잘 들여다보면 잣나무 세 그루와 소나무 한 그루, 그리고 소박한 집 한 채가 있다. 추운 날, 늙고 볼품없어진 소나무가 잣나무에 기대고 있는 모습은 어려운 시기에 추사에게 사제의 의리를 지켜준 이상적을 빗대어 그린 것이다. 「세한도」에 등장하는 둥근 창문의 집이 그림에서 나온 듯이 형상화되어 추사관이 되었다.

　이곳은 겉보기에 전혀 화려하지 않고 내부도 어둡고 절제된 공간으로 구성되어 있다. 집 안에는 추사의 조각상과 그가 좋아했다는 수선화가 놓인 빈 공간이 있다. 그리고 계단을 내려가면, 지하에 강진 다산초

당의 현판 '다산초당', 봉은사 현판 '판전'의 탁본 등이 전시된 주 공간이 나온다. 건축가는 추방된 자의 고통과 정신을 방문객에게 공간을 통해 전달한다.

마침내 우리는 「세한도」 앞에 섰다(국립중앙박물관 소장으로 추사관에 있는 것은 사본이다). 동그란 창이 난 작은 집, 소나무 한 그루와 잣나무 세 그루를 그린 그림과 그 옆으로 긴 글이 보였다.

> 세상은 흐르는 물살처럼 오로지 권세와 이익에만 수없이 찾아가서 부탁하는 것이 상례인데 그대는 많은 고생을 하여 겨우 손에 넣은 그 책들을 권세가에게 기증하지 않고 바다 바깥에 있는 초췌하고 초라한 나에게 보내주었도다. (중략) 공자께서 '날이 차가워진 뒤에야 소나무, 잣나무가 시들지 않는다는 것을 안다'고 했는데…… 그대와 나의 관계는 전이라고 더한 것도 아니고 후라고 덜한 것도 아니다. (중략) 아! 쓸쓸한 이 마음이여! 완당 노인이 쓰다.
>
> _「세한도」 발문에서_

미셸은 「세한도」에 담긴 이야기를 좋아했다. 계속 추사의 일생과 작품에 깊은 관심을 보이던 미셸이 연신 감탄하는 것을 보니, 오늘 추사와의 만남은 제법 성공적이었던 것 같다. 내부 관람을 마치고 나오는 길, 그가 내 옆으로 오더니 기념으로 구입한 「세한도」를 보여줬다. 파리에 있는 그의 집 거실에 「세한도」가 걸려 있는 풍경을 떠올려보았다. 역시 진정한 가치는 시대와 장소를 초월하는 법인가 보다.

차를 우려내는
벼루

오설록 티스톤
건축가 조민석(매스스터디스)
건축 연도 2012

추사관을 떠나 근처에 있는 서광다원으로 향했다. 일행들에게 추사가 사랑한 녹차의 맛을 알려주고 싶기도 하고, 잠시 템포를 늦추고 여유를 즐길 필요도 있었기 때문이다.

서귀포시 서광리에 조성된 서광다원은 부지가 16만 평에 달하는 국내 최대 규모의 차 생산지다. 척박한 돌밭이었던 이곳이 지금처럼 광활한 차밭으로 변모하기까지 드라마틱한 과정이 있었다. 서광다원은 1960년대 해외에서 다양한 차 문화를 접한 아모레퍼시픽 서성환 회장이 우리 고유의 차 문화를 되살리겠다는 의지를 갖고 만든 곳이다. 개간 초기에는 전기와 수도 설비도 없어 빗물을 식수로 사용하고, 흙보다 돌이 훨씬 많아 끝도 없이 흙을 공수해오는 등 열악하기 짝이 없는 상황이었다고 한다. 하지만 포기하지 않고 땅을 고르고 방풍림을 조성하고

제주 기후에 적합한 차나무 품종을 연구했다. 1985년, 그렇게 돌과 바람을 다스리며 일군 땅에 차나무 묘목 100만 본을 심었다. 그야말로 무에서 유를 만든 것이다.

2001년에는 서광다원에 한국 최초의 차 박물관 '오설록 티 뮤지엄'이 건립된다. 뮤지엄이라기보다는 상업시설에 가깝지만, 가볍게 둘러보고 선물을 사기에 적당해 일행들은 오히려 반가운 눈치였다. 내부를 가볍게 둘러보고 크루제 부부, 마레쇼 부부와 함께 티 뮤지엄 꼭대기 전망대에 올라 끝도 없이 펼쳐지는 차밭을 내려다보았다. 사라져가는 문화의 보존과 지역문화 활성화에 관심이 많은 크루제 부부는 특히 이곳이 매우 인상적인 모양이었다.

"우리 부부는 프랑스 그르노블 인근에 있는 오래된 실크 공장 '갈리시에르'를 되살리고 싶어서 여러 시도를 하고 있어. 18세기 말부터 전승된 기술과 역사가 쌓여 있는 공간인데, 이 중요한 유산이 사라지는 것이 너무 안타까워서 우리가 샀거든. 폐허로 방치된 공장과 그 지역을 활성화시키려고 새로운 시도를 해보고, 갈리시에르에 관한 책을 출판하기도 했지. 이곳을 보니 우리도 더 제대로 잘해보고 싶다는 마음이 샘솟는군."

이 여행을 통해 크루제 부부가 어떤 식으로든 새로운 영감을 받을 수 있기를 바라며 2012년 티 뮤지엄 뒤에 새로 들어선 파빌리온으로 향했다. 마치 깜짝 선물을 준비한 사람처럼 살짝 두근거렸다. 일행들에게 꼭 보여주고 싶은 곳이 거기 있었기 때문이다. 바로 오설록 티스톤Tea Stone이다. 티스톤이라는 이름은 차를 뜻하는 'tea'와 벼루를 뜻하는 'Ink-

Photo © Yong Kwan Kim

stone'을 조합해 만든 것으로, 추사가 벼루 열 개, 붓 천 자루가 닳도록 실력을 갈고 닦아 추사체를 완성했다는 일화처럼 차를 우리고 또 우려 내 세상을 아름답게 만들겠다는 의미를 담았다고 한다. 티스톤 건물이 위치한 곳은 실제 추사의 유배 경로와도 닿아 있어 한층 의미심장하다.

티 뮤지엄의 메인 건물은 원형이지만, 새로 들어선 파빌리온 세 곳은 사각형으로 그 크기와 비율이 모두 비슷하다. 그중 첫번째인 티스톤은 벼루에서 모티프를 따온 검은 상자 형태다. 나무, 돌과 같은 자연의 재료로 꾸며져 차가 지닌 여운과 매력을 배가시킨다. 두 개 층으로 되어 있으며, 위층은 녹차와 발효차, 블렌딩 티 등 다양한 종류의 차를 배우고 즐길 수 있는 체험 공간으로, 아래층은 후발효차 숙성고로 사용한다. 숙성고에 들어서면 삼나무 향이 은은하게 코끝을 맴돈다. 시각, 미각,

후각을 모두 편안하게 감싸주는 공간이다. 차의 가치와 문화, 차를 다룰 때의 정성 어린 마음이 구석구석에 스며들어 있다.

위층으로 올라가는 계단의 손잡이는 나무로 되어 있는데 자연이 시간을 들여 조각한 나무 본연의 부드러운 곡선을 살려둔 채로 디자인했다. 위층 입구에는 제주와 추사의 작품을 현대적 감성으로 재해석한 미디어 아티스트 이이남의 작품 「세한도」와 「추사체 연구」가 사람들을 맞이한다. 세련된 디지털아트 작품을 관람한 다음 안으로 들어서면 수수하기 그지없다. 돌과 나무가 원래부터 여기 있었던 것처럼 자연스럽게 배치되어 있다. 이 방에서는 제주 곶자왈 숲의 풍경을 보며 차를 마실 수 있다. 시야를 방해하는 것이 없어 건물 안에 있어도 숲속에 있는 듯하다. 차와 숲. 그윽한 정취가 사방에서 밀려온다. 마냥 머무르고 싶은

곳이다.

일행들은 티스톤을 둘러보는 내내 이 크지 않은 건물에 녹여낸 차의 가치와 정신, 절제와 조화에 감탄했다. 나무와 석재의 거친 물성과 유리와 검은 철 프레임의 차갑고 매끈한 물성이 대비를 이루며 우리의 감각을 깨우고 풍요롭게 채워준다는 감상평을 내놓기도 했다. 특히 장파스칼 크루제는 연신 셔터를 누르며 갈리시에르 프로젝트에 참고할 만한 자료를 모으느라 열심이었다. 이렇게 완벽하게 준비된 공간에서 차 문화를 체험할 수 있다는 것에 감동했다는 반응도 많았다. 잎의 재배 시기와 숙성도에 따라 제각기 다른 차의 종류, 다도 등이 그들에게는 본 적 없는 새로운 세상이었던 것이다.

지역 특산의 건축

롯데아트빌라스 블록 D
건축가 구마 겐고隈 硏吾
건축 연도 2012

티스톤을 나와 롯데아트빌라스로 이동하는 길에 점심을 먹기로 했다. 메뉴는 당연히 해산물 요리. 전복, 딱새우, 주꾸미, 홍합, 조개, 꽃게 등 각종 해산물이 줄줄이 등장하는데, 마리아가 전복을 가리키며 무엇인지 물어본다. 전복이 프랑스어로 뭐더라? 순간 답이 막혀 머뭇거리자 조반니가 대신 알려준다. "Les Ormeaux." 그러고 보니 프랑스에선 전복을 먹어본 적이 없다. 다른 사람들도 대부분 처음인 듯했다. 조반니에게 전복을 어떻게 아느냐고 묻자, 이탈리아 사람들은 전복이니 해삼이니 다양한 해산물을 즐겨 먹는다고.

점심식사 후 답사할 롯데아트빌라스는 일본의 건축가 구마 겐고의 작품이다. 구마 겐고는 지역에서 쉽게 구할 수 있는 나무, 돌 등의 재료를 이용해 건물을 짓는다. 중국에서는 대나무를 활용해 '그레이트 뱀부

월'을 만들어 주목을 받았고, 일본에서는 돌을 이용한 '스톤 플라자'를 만들기도 했다. 그런 그가 제주에는 어떤 건물을 지었을지 궁금했다.

식사를 마치고 롯데아트빌라스로 향했다. 롯데아트빌라스는 롯데호텔에서 운영하는 고급 빌라 단지로, 숙박도 가능하다. 이 프로젝트에 관심이 가는 이유는 역시 국내외 유명 건축가들이 설계에 참여했기 때문이다. 승효상(블록 A), 도미니크 페로(블록 B), 이종호(블록 C), 구마 겐고(블록 D), DA 그룹(블록 E) 등이 제각기 개성을 살려 빌라를 설계했는데, 그중 우리가 갈 곳은 구마 겐고가 설계한 블록 D다.

단지에 들어서자마자 하늘이 심상치 않아 내부부터 둘러보며 두런두런 이야기를 나눴다. 구마 겐고는 일찍이 자신의 책 『약한 건축』을 통해 현대의 복잡한 상황에 대응하려면 일본의 방식만으로는 어렵다고 느꼈다며, 한국의 전통문화가 보여주는 대범함에 매료됐다고 말한 바 있다. 그는 한국의 전통건축에서 돌을 사용하는 방법에 관심이 많았다. 일본의 전통건축에서 정원을 디자인할 때는 돌이 중요한 요소 중 하나지만, 건축물 자체에 돌을 사용하는 것은 가능한 한 배제했다. 돌은 무겁고 투박하기 때문이다. 그는 이러한 전통에서 벗어나 한국의 전통건축에서 돌을 사용하는 방식을 추구해왔고, 롯데아트빌라스 프로젝트에서는 제주의 거친 현무암을 적극적으로 사용했다.

구마 겐고가 설계한 빌라 열네 채의 지붕은 모두 제주의 땅에서 나온 현무암으로 덮여 있다. 조개껍데기처럼 완만한 곡선을 이루는 지붕의 형태는 그가 영감을 받았다는 제주의 오름을 연상시킨다. 경사진 언덕

에 차곡차곡 들어선 빌라는 모두 남향으로 바다를 바라보고 있다. 위에서 바라보면 등 뒤의 한라산에서 흘러나온 용암이 흘러가다 그대로 올록볼록 요철을 남기며 형성된 듯 자연 그대로의 모습이다. 작은 오름들이 옹기종기 모여 있는 것 같기도 하다. 아주 예전부터 제주와 한 몸이었던 것처럼, 존재감을 주장하지 않는다. 건축가로서 구마 겐고가 추구하는 바가 선명하게 느껴지는 풍경이다.

지붕 아래로 시선을 옮기면, 콘크리트 구조와 테라스 부분의 철골 구조가 자연스럽게 연결되어 있다. 실내의 둥근 천장이 그대로 연장되어 외부 테라스의 차양이 된다. 테라스의 천장 부분은 격자무늬 철 구조물 위에 현무암을 얹은 형태라 돌 사이사이로 햇빛이 스며든다. 무거운 돌을 오히려 지붕으로 올려 빛을 투과하게 만든 점이 독특하다. 거친 재료를 아주 섬세하게 다루고 있다. 테라스를 내다보는 전창 유리도 천장에 닿는 부분이 지붕의 형태에 맞춰 동그랗게 마감되어 있다. 천장의 높이가 달라지니 자연히 커튼도 왼쪽과 오른쪽의 길이가 다르다. 구석구석 세심하게 신경쓰고 돌본 흔적이 엿보인다. 특히 현무암을 곳곳에 의외의 방식으로 활용한 이 빌라를 보면서 소재의 확장, 지역에서 쉽게 구할 수 있는 소재에 대한 관심이 얼마나 신선하고 또 편안한 공간을 만들어 낼 수 있는지 즐거운 가능성을 느꼈다.

걷고 또 걷고

지니어스로사이명상센터
글라스하우스

OH !!

제주 바다를
액자에 넣는다면

지니어스로사이명상센터
건축가 안도 다다오
건축 연도 2008

제주에서의 마지막 날 아침 7시, 자크와 브리지트는 서둘러 일어나 바다로 달려갔다.

"우리가 태평양에서 수영할 날이 언제 또 오겠어."

그렇다. 프랑스 사람들에게 태평양은 특별하다. 대서양이나 지중해를 접할 기회는 많지만, 태평양에 몸을 던질 기회는 흔치 않기 때문이다. 이른 아침이라 해변은 한적하다. 수온도 생각보다 차지 않다. 멀리 자맥질을 하는 해녀들이 보인다. 오붓하고 평화롭게 태평양 수영을 만끽하고 돌아온 두 사람과 함께 제주의 동쪽 끝, 섭지코지로 향했다.

섭지코지는 '좁은 땅'을 뜻하는 제주 말 '섭지'와 바다 쪽으로 돌출된 지형을 가리키는 '곶'에서 파생된 '코지'가 결합된 단어로, 그 이름처럼 바다 쪽으로 튀어나가듯 앞으로 쑤욱 나온 형태를 하고 있으며 경관이 빼어난 것으로 유명하다. 2005년 휘닉스아일랜드리조트가 조성되면서 섭지코지도 단지 안에 포함되었는데, 이 리조트 1차 설계에 일본 출신의 유명 건축가 안도 다다오가 참여하면서 크게 화제를 모았다.

안도 다다오는 복서 출신 건축가라는 특이한 이력을 지닌 일본의 대표 건축가다. 오사카에서 공업고등학교 기계과를 다니던 그는 2학년 때 도쿄 여행을 하던 중 일본 최고의 호텔로 꼽히는 데이고쿠帝國 호텔을 보았다. 데이고쿠 호텔은 도쿄에서도 권력의 중심에 있는 지요다구에 위치한 호텔로, 안도 다다오가 방문했을 당시 본 것은 프랭크 로이드 라이트가 설계한 본관이었던 것으로 추측된다. 1923년 관동대지진이 일어났을 때 주위의 모든 건물이 무너져내렸어도 데이고쿠 호텔만은 건재했다. 그 정도로 당대 최고의 공법과 비용을 들여 완성된 데이고쿠 호텔에 마음을 빼앗긴 안도 다다오는 이를 계기로 건축 공부를 시작했다. 독학으로 아돌프 로스Adolf Loos, 루이스 칸Louis Kahn, 르코르뷔지에 등 거장 건축가들의 책을 읽고 도면을 따라 그리며 공부했는데 그중에서도 르코르뷔지에의 건축을 좋아했다. 스물네 살의 안도는 여기서 그치지 않고 직접 르코르뷔지에를 만나겠다는 결심을 하고 파리로 떠났지만 그가 파리에 도착하기 전에 르코르뷔지에가 세상을 떠나 둘의 만남은 이루어지지 못했다. 그래도 그는 여행을 계속 이어나가기로 했고 이 여행은 1962년부터 1969년까지 8년간 계속됐다. 여행을 통해 몸으로 건축을 익힌 그는 오사카로 돌아와 자신의 건축사무실을 열고 작품 활동

Photo © Jean-Pascal & Nadia Crouzet

을 시작했다.

그의 작품은 당시 일본 건축계에 충격 그 자체였다. 대표적인 작품으로 1976년 완공된 '스미요시 주택'이 있는데, 이 집은 주변의 기와집들 사이에 끼워진 작은 콘크리트 건물이다. 밖에서 볼 땐 막힌 콘크리트 벽이지만 내부에 중정이 있어 안쪽을 향해 열린 집이다. 기존과는 다른 형태의 주택으로 많은 논란이 있었지만 그의 건축은 차츰 인정받기 시작했다. 노출 콘크리트와 순수한 기하학적 형태로 대표되는 그의 건축은 1995년 건축계의 노벨상이라 불리는 프리츠커상을 받기도 했다. 특히 그의 건축관에서 돋보이는 점은 하늘, 물, 빛과 같은 자연 요소를 건축으로 끌어들이는 드라마틱한 연출이다.

오늘 답사할 지니어스로사이_{Genius Loci}명상센터(현재 '유민미술관'으로
바뀌어 운영 중이다)는 안도 다다오의 극적인 연출을 맛볼 수 있는 좋은
예다. 이 건물은 제주도 동쪽 끝, 휘닉스아일랜드리조트 안에 위치해 있
는데 이 리조트는 광활하다는 느낌이 들 만큼 넓은 대지를 갖고 있다.
자연 요소를 끌어들여 건축의 한 부분으로 만들기 좋아하는 안도에게
안성맞춤인 땅이다.

그는 여기에 자신의 트레이드마크인 노출 콘크리트를 사용하고 과감
하게 기하학적 구조를 택해 주변 환경과 극명한 대비를 이루게 했다. 그
러나 위압적이거나 존재감을 소리 높여 주장하지 않는다. 묵직하고 납
작해 안정감을 주는 정면에 서면 오히려 시종일관 휘몰아치는 바닷바
람이 훨씬 강렬한 존재감을 과시한다고 느껴질 정도다. 안으로 들어서
면 외부와 완전히 차단된 공간이 등장한다. 높은 벽체로 둘러싸인 통로
를 걷는 동안에는 바람도 느껴지지 않는다. 일행들은 서로 떨어져 천천
히 걸었다. 여긴 혼자가 어울리는 공간이라는 것을 직감한 것이다. 주변
과 완전히 차단된 통로를 잠시 걷다보면 가로로 긴 액자 같은 틈이 나
타나는데, 그 사이로 성산일출봉을 품은 바깥 풍경이 드라마틱하게 눈
에 들어온다. 이렇게 어떤 지점에서 이 건물이 제시하는 틈 혹은 틀을
통해 정해진 방향을 바라보면 제주의 풍경이 달리 보인다. 마치 영화처
럼 공들여 미장센을 구성하고 연출한 신들이 하나하나 스쳐 지나가는
것 같다. 어떤 지점에서는 정해놓은 프레임 안에서 풍경을 보게 하고,
어떤 지점에서는 갈대의 소리에 귀 기울이도록 유도하고, 그다음에는

너는 섭지코지고 나는 안도 다다오며 …

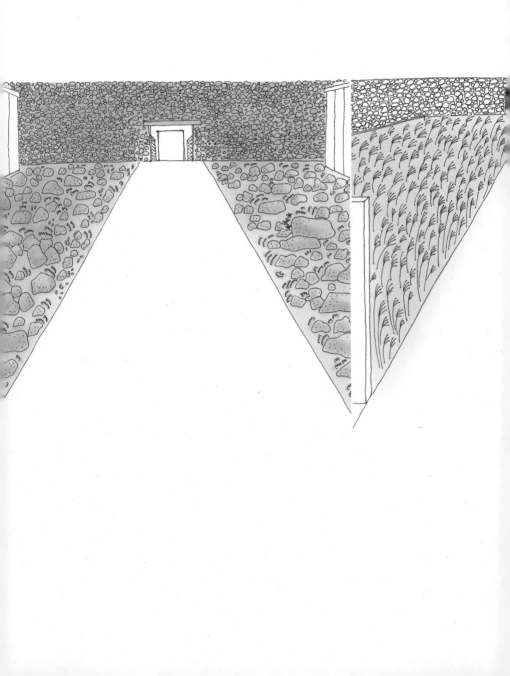

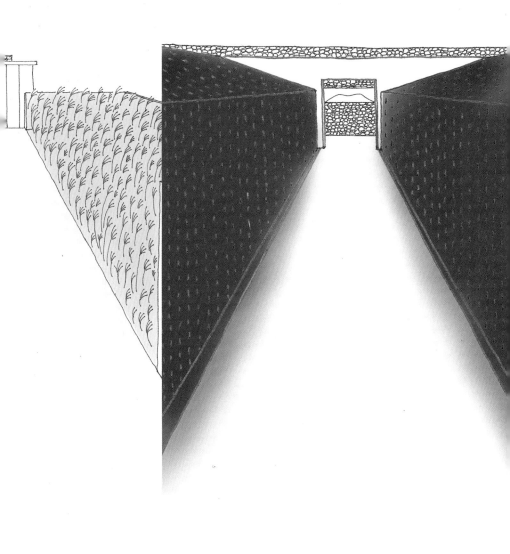

물이 흐르는 소리를 듣게 한다. 자연은 그대로 있는데, 그것을 다르게 보고 듣고 경험하게 하는 것, 그것이 안도 다다오의 의도다.

성산일출봉이 보이는 액자를 통해 클라이맥스를 경험한 다음에는 서서히 지하 공간으로 내려가게 된다. 이 내리막길의 이름은 하늘길. 건축가는 높은 벽으로 둘러싸인 길을 따라 걸으며 하늘을 바라볼 것을 권한다. 고개를 들고 하늘을 보며 걸을 수 있도록 왼쪽 벽에 손잡이 바가 설치되어 있다. 높은 벽체 위로 사각의 하늘이 내가 걷는 것과 똑같은 속도로 지나간다.

지하로 들어서면, 오직 명상만을 위해 준비된 공간이 나타난다. 휴대폰도 터지지 않는 이곳에서는 명상 외의 어떤 행위도 허락되지 않는다. 방과 방은 미로처럼 연결되어 있고, 현대미술 작품, 돌, 방석 등과 마주치게 된다. 방석 위에 가만히 앉아 생각에 잠겨보려 한다. 하지만 역시

이 멋진 바다와 자연 풍광을 두고 지하 공간에 머무르며 명상을 하기에 우리는 너무 세속적일지도 모르겠다. 밖으로 나오니 숨이 탁 트인다.

> **브리지트** 안도 다다오의 건축은 건축가의 의도가 너무나 뚜렷하게 드러나서 '이곳에 서서 여기를 봐주세요' '여기서는 이 창을 통해 저것을 보세요' 하는 식의 강력한 메시지를 받아. 그러다보니 조금 답답한 기분이 들어. 이곳의 아름다운 땅과 바다와 하늘을 그의 틀을 통해서 보는 기쁨도 있지만 나는 탁 트인 있는 그대로의 자연이 더 자유롭고 좋은걸.

그렇기는 해도 안도 다다오의 건축은 제주의 풍광을 담은 가장 멋진 액자가 아닐까?

이 순간을
잡고 싶어

글라스하우스
건축가 안도 다다오
건축 연도 2008

지니어스로사이를 나와 이번 여행의 마지막 답사지, 글라스하우스를 찾았다. 안도 다다오를 안다면 한눈에 그의 작품이라는 것을 알아볼 수 있는 건물이다. 자신만의 세계를 구축하고 그것이 곧 표식이 된 건축가는 흔치 않은데, 안도 다다오가 바로 그런 경우다. 건물 입구에 서면 높은 노출 콘크리트 벽이 세워져 있고, 왼쪽으로 큰 개구부가 있다. 사각형의 개구부 너머로는 성산일출봉이 그림처럼 자리잡고 있는데, 손을 내밀면 잡을 수 있을 듯하다.

보통 건축 일을 한다고 하면 흔히 듣게 되는 질문이 바로 '실내 건축인가요, 실외(?) 건축인가요?'다. 질문을 하는 당사자도 조금만 생각해보면 질문이 이상하다는 것을 알 수 있을 텐데, 아무튼 실외 건축이라는 것은 없다. 건축가들은 내부 공간뿐 아니라 내부와 외부의 관계를 고

민하도록 교육받는다. 창을 낸다는 것은 집 안에 있는 사람이 어떤 광경을 보게 할 것인가를 결정하는 일이다. 마치 회화를 담은 액자를 고르는 것처럼 창은 집 밖의 환경을 담는 액자인 셈이다. 안도 다다오는 리조트 안에서 보이는 성산일출봉의 모습이 가장 멋지다고 생각해 그가 좋아하는 노출 콘크리트 틀에 담아 보여주고 있다.

입구를 지나 건물로 다가가면 큰 볼륨의 건물이 마치 떠 있는 듯하다. 큰 볼륨을 떠받치는 양쪽 다리 사이로 공간이 열려 있다. 건물의 주요 기능을 담은 공간은 모두 2층에 위치하고 1층은 최소한의 면적을 가지며 2층으로 올라가기 위한 계단실과 엘리베이터 등 꼭 필요한 설비만으로 구성돼 있다. 이렇게 어렵게 큰 볼륨을 들어올린 형태를 취한 이유는 해가 뜨는 동쪽의 광경을 이 열린 공간을 통해 보여주기 위해서다. 중앙이 뚫려 있고, 위로 큰 볼륨이 얹혀 있는데 이 건물의 메인 공간인 레스토랑은 2층에 있고, 1층은 정원과 외부 공간으로 활용되고 있다. 정원은 지그재그 형태로 한참을 돌아가며 내려가도록 구성돼 있는데, 눈앞의 멋진 풍광을 매번 다른 각도로 살펴보라는 의도가 담겨 있다.

V자 모양의 평면을 가진 2층 레스토랑이 이 건물의 주요 기능이라고 할 수 있는데 제주도 동쪽 끝에 위치한 만큼 마음껏 바다 광경을 보며 식사를 할 수 있다. 기가 막히게 멋진 광경과 함께 식사를 하는 특권을 누렸다고 일행들은 말했다. 하지만 큰 규모의 레스토랑 건물이 들어올려져 높게 지어진 점이 이 건축 사이트 전체에 긍정적인지는 의문이 든다고 했다. 건물 밖에서 보았을 때에는 오히려 아름다운 동쪽 풍광을 모두가 누리지 못하도록 가로막는다고도 볼 수 있기 때문이다.

점심식사를 마치고 각자 산책을 하는데, 리샤르 리프가 혼자 스케치를 하고 있는 모습이 눈에 띄었다. 그는 여행 내내 성실하고 꾸준히 스케치를 했는데, 다른 이들이 카메라로 찍고 지나간 자리에 홀로 남아 스케치북과 붓을 들고 열심히 눈앞의 풍경을 그렸다. 오랜 습관이라고 했다. 그가 스케치북을 덮길 기다리다가 옆으로 가 물었다.

민희 언제 이 많은 스케치를 했어? 이럴 시간이 없었을 텐데.

리샤르 아주 짧은 순간에 재빨리 그렸지.

민희 여행을 하면 항상 그림을 그려?

리샤르 다시 오지 않을 이 순간을 남기고 싶다는 마음으로 스케치를 시작했어. 시간은 돌이킬 수 없고, 지금 여기에 내가 또 올 수 있다는 보장도 없으니까. 스케치를 할 때에는 응급실 의사처럼 위급하고 촌각을 다투는 심정이 돼. 덧없이 날아갈 순간을 어떻게든 잡고 싶어서, 몸이 뜨거워져. 낯선 장소에서 처음 받는 인상을 고스란히 그리는 것은 사실 쉽지 않아. 꼭 럭비 경기 같다고나 할까. 럭비 경기는 온통 혼란스럽고 도무지 이해할 수 없는 움직임으로 가득한데, 어느 시점 갑자기 모든 것이 의미 있는 행동으로 읽히거든. 여행을 마치고, 스케치북을 펼쳐보면 내가 스쳐 지나온 장소에서 받았던 영감과 기억이 생생하게 되살아나. 그 장소에서 그림을 그리던 순간을 포착하는 셈이지. 귀하고 드문 순간들을.

민희 다른 사람들은 사진을 찍잖아. 왜 굳이 그림으로 남겨?

리샤르 부모님 영향을 받았어. 아버지는 여행을 할 때면 늘 연필로

그림을 그리셨고, 어머니는 주로 파스텔을 사용해 그림을 그리셨어. 두 분 모두 지금은 이 세상에 안 계시지만, 그림만은 남아 있지. 사진은 당연히 편리하고 좋지. 하지만 너무 쉽게 찍히니 오히려 저속한 면이 있달까. 의미 없이 지나치게 많은 사진을 찍고, 나중엔 거의 들여다보지도 않잖아. 멋진 풍경을 눈앞에 두고 사진 찍기에 바빠서 그 순간을 제대로 만끽하지 못하는 경우도 많고.

민희 이번 여행에선 어떤 그림을 그렸어?

리샤르 아침 일찍 일어나 경복궁도 그리고, 이손건축사무소 갔을 때도 사무실에서 보이는 바깥 풍경을 그렸지. 한국 건축가 손진과의 만남이 참 좋았어. 서울에서 호텔 방이 고층에 있어서 이른 아침 해가 떠오를 때 종로의 빌딩숲도 그렸어. 북촌에 갔을 때 본 조그만 상점, DDP에 갔을 때 그 안에 서울의 성벽이 보존된 모습이 인상적이라 그것도 그렸지. 파주에 있는 알바루 시자의 미술관, 통일전망대에서 바라본 강 건너 북한 땅. 공항 가기 전에 들렀던 길상사, 제주의 주상절리와 해변 등…… 많이 그렸네. 포도호텔과 추사의 유배지, 물, 바람, 돌 박물관도 그렸어. 지금은 지니어스로사이와 글라스하우스를 함께 그리고 있어.

민희 어쩐지 감동적이다.

리샤르 한국에 와서야 이 나라는 중국이나 일본과는 전혀 다른 문화를 가진 곳이라는 것을 알게 됐어. 그동안 역사나 뉴스를 통해 접하는 한국은 대부분 전쟁과 북한 문제에 대한 것뿐이라 한국의 도시나 문화에 대해서는 전혀 알지 못했거든. 물론 이 짧은 여행으로 한국을

알았다고 말하기엔 충분하지 않지만, 한국이 어떤 나라인지 이제야
조금은 알 것 같아.

프랑스에서 온 일행과 열흘을 함께 여행하면서 우리는 서로 많은 것을 보고 배웠다. 처음에는 아주 사소하고 문화적 차이가 있는 다른 것들만 보였다. 밥 먹는 도구도 다르고 예절도 다르고 전부 다른 듯하지만 시간이 지나면서 실은 그렇지만은 않다는 것을 깨닫게 된다. 집의 모양은 제각각이지만 누구에게나 고향집이 있다는 사실만은 같다. 새롭고 다른 것을 보기 위해 여행을 떠나지만 결국 사람 사는 곳은 어디나 통하는 것이 있기 마련이다.

여행을 마치고

내가 있는 장소가 나의 존재에 결정적인 역할을 한다. 여기서 '장소'라는 말은 물리적인 환경뿐 아니라 문화적 환경도 가리킨다. 우리는 문화라는 바닷속에 잠긴 채 살아간다. 이 바다는 모든 것에 스며들고 모든 것을 집어삼키기 때문에, 우리는 그곳에서 나오기 전에는 그 존재를 깨닫지 못한다.

내가 한국을 새롭게 볼 수 있었던 것은 내가 속한 한국이라는 바다를 벗어나 있는 상태에서 그 바다 바깥의 프랑스 동료들과 함께한 여행 덕분이다. 익숙한 것을 낯설게 보는 열흘의 여정을 마치고서 다시 일상이 기다리고 있는 파리로 돌아왔다.

여러 멋진 동행자들과 함께 한국이라는 새로운 바닷속에서 모험을 한 지 2주 후 우리 모두는 다시 MA에 모여 저녁식사를 했다.

  여행 내내 실수투성이에 시행착오를 잔뜩 겪은 나를 격려하기 위해
다들 선물을 하나씩 준비해왔다. 미셸 페로 회장님은 음반가게에 가서
한국 가수 나윤선의 CD를 사다주었고, 리샤르 리프는 여행 중 그린 수
채화를 정성껏 책으로 묶어주었다. 여행 사진 앨범과 멋진 건축 책들,
플랫 슈즈와 한국의 물방울 화가 김창열의 작품집도 받았다. 그들이 준
선물과 메시지가 분에 넘쳐 다들 한마디 하라고 나를 재촉하는데 누구
보다 감정이 벅차오른 나머지 창피하게도 건배사를 멋지게 하지 못한
것 같다. 그 아쉬움이 짙게 남았던 것일까, 여행 중에 미처 다 하지 못한
이야기와 우리의 여행 에피소드를 담아 책으로 엮게 되었다.

한국 현대건축 여행을 한 해에 한국과 프랑스 양국은 우연찮게도 2015, 2016년에 있을 한불 교류 130주년을 기념하기 위한 다양한 행사를 준비하고 있었다. 그런 행사 중 하나로 파리에 위치한 랑스건축사협회 수도권지부l'Ordre des architectes d'Ile-de-France 건물에서 2016년 6월 12일부터 9월 11일까지 두 달 동안 우리의 한국 현대건축 답사 여행기를 전시하게 되었다. MA, 한국예술경영지원센터와 프랑스문화원 등 여러 단체의 도움으로 한국의 현대건축을 프랑스에 소개하게 된 것이다.

비행기 티켓을 모티프로 디자인한 전시회 초대장을 받고 오프닝 시간에 맞춰 많은 분들이 와주셨다. 주 전시 공간은 메자닌(건물 1층과 2층 사이에 있는 라운지 공간)이었는데 메자닌 아래는 공항 대기 공간처럼 연출하고, 메자닌에 올라가면 비로소 전시물을 만나게 해 한국에 온 것 같은 인상을 주고자 했다.

전시장 입구에는 한국의 건축사무실 '●● 디자인밴드 요앞' 사무실에 웹캠을 설치해 24시간 녹화한 영상을 프로젝터로 상영했다. 회의를 하고 모형을 만들고 밥 먹는 모습 등 서울 건축가들의 일상을 있는 그대로 보여주었다. 파리에서 일을 마치고 오프닝에 온 관객이 지구 저편에서 같은 시간을 살아가는 서울의 건축가를 가깝게 느끼기를 바랐다. 그리고 가운데 큰 공간에서 우리가 열흘간 답사한 한국 현대건축을 여행한 순서대로 소개했다. 마지막으로 여행에 참여한 참가자들의 인터뷰 영상을 함께 보는 것으로 작은 전시는 끝났다.

하지만 우리의 이야기는 계속될 것이다. 오랜 스승님과 보스 엘렌의 짧은 만남에서 시작된 이야기가 25명 프랑스 건축가들의 한국 여행으로 이어지고, 또 그 여행의 기록이 파리로 와 전시가 된 것처럼 말이다. 그리고 마침내 이렇게 한 권의 책이 나왔다. 이 책을 통해 한국 밖에 사는 사람들이 한국을 새롭게 알게 되기를, 한국 안에 사는 사람들이 한국에서 살기 때문에 놓치는 것을 다시 보게 되길 바란다.

"한국 여행을 같이 해줘서 고마워. 진심을 다해 준비했다는 것이 느껴졌어. 선물로 준비한 이 책(김창열 작가의 작품집)을 받아줘. 물방울에 담긴 은유가 참 아름다워. 다음에는 인도네시아에서 다시 만날 수 있다면 참 좋겠다!"

_콜레트 플랑보크, 자카르타에서

"정말 아름다운 여행이었어. 이 프로그램의 한국 여행이 계속되기를 바라. 더 많은 사람들과 나눌 만한 가치가 있어. 고마워!"

_장파스칼과 나디아 크루제, 샤트 Chatte 에서

"아름다운 나라에 대해 알게 해줘서 고마워. 서울에서부터 제주까지 다양한 현대 건축물을 통해 본 한국은 참 멋졌어. 브라보! 여행은 깊은 영감을 줬어. 다시 만나자."

_드리파 부아가티, 릴에서

"하늘과 바다 사이에서, 내가 가장 사랑하는 섬, 코르스의 풍경을 담은 책이야. 언젠가 이 섬에 오면 연락해. 네가 친구가 되어주어서 고맙고, 한국을 알리기 위해 이런 답사를 제안해준 것이 나에겐 참 행운이었어. 또 보자."

_이자벨 파네, 코르스에서

(구)공간 건축사무소 사옥(현 아라리오 뮤지엄)

건축설계사무실 공간의 사옥이었다. 2014년 아라리오 뮤지엄에 매입돼 현대미술 전시 공간으로 새롭게 문을 열었다. 신사옥 건물에는 빵집과 이탈리안 식당이 들어와 있다.

주소 | 서울시 종로구 율곡로 83
www.arariomuseum.org
건축가 | 김수근 / 공간
www.spacea.com

한뫼촌

한옥에서 한정식을 먹을 수 있다는 점이 매력이다. 한 끼 식사비는 2만 원에서 4만 원 사이. 자리가 많지 않으므로 전화로 미리 예약을 하고 가는 것이 좋다.

주소 | 서울시 종로구 북촌로 24-4
연락처 | 02-766-5535

국제갤러리 3관

1982년부터 한국 작가뿐 아니라 국제적인 현대 아티스트를 소개해온 한국의 유명 갤러리다.

주소 | 서울시 종로구 삼청로 54
www.kukjegallery.com
건축가 | 플로리안 이덴뷔르흐 + 징 리우 / 소일
www.so-il.org

송원아트센터

동국제강 그룹 산하의 송원문화재단에서 운영하는 현대미술 전시 공간으로 입장료는 없다.

주소 | 서울시 종로구 윤보선길 75
songwonart.org
건축가 | 조민석 / 매스스터디스
www.massstudies.com

가회헌

이탈리안 레스토랑 겸 베이커리가 입점해 있다. 해가 좋은 날에 가 마당, 테라스, 데크 공간 등 야외 공간을 이용해볼 것을 추천한다.

주소 | 서울시 종로구 북촌로 5길 14
건축가 | 황두진 / 황두진건축사사무소
www.djharch.com

아라아트센터

지하 4층, 지상 5층(총 9개 층)의 대규
모 문화 공간으로 총 면적은 4,900제곱
미터이며, 130제곱미터에서 600제곱미
터에 이르는 15개의 전시실로 구성되어
있다. 다양한 미술 전시가 열리고 있다.

주소 | 서울시 종로구 인사동 9길 26
www.araart.co.kr
건축가 | 이민 + 손진 / 이손 건축
www.isonarch.com

동대문디자인플라자(DDP)

의류 도·소매상들이 밀집한 지역에 들
어선 디자인센터로 총 면적 8만6,000제
곱미터에 달하는 엄청난 규모를 자랑한
다. 신제품 발표, 전시, 공연 등 많은 이
벤트가 벌어진다.

주소 | 서울시 중구 을지로 281
www.ddp.or.kr
건축가 | 자하 하디드
www.zaha-hadid.com

청계천

현재의 청계천은 서울시청에서 시작해
서 동대문까지 이어지는 산책로다. 청계
천 입구 부분은 미국에 사무실을 둔 조
경 디자이너 김미경이 설계했다.

찾아가는 길 | 5호선 광화문역 5번 출구, 1호
선 시청역 4번 출구
디자인 | 김미경
myk-d.com

쌈지길

인사동길에 위치해 접근성이 좋다. 건물
전체가 램프로 돌아가면서 서서히 올라
가도록 되어 있으며 전통 공예 숍이 다
수 입점해 있다.

주소 | 서울시 종로구 인사동길 44
www.ssamzigil.co.kr
건축가 | 최문규 / 가아건축사사무소
www.gaa-arch.com

메종 에르메스

럭셔리 브랜드 상점이면서 근사한 카페
겸 레스토랑과 두 개의 현대예술 공간으
로 구성되어 있다.

주소 | 서울시 강남구 도산대로 45길 7
건축가 | 르나 뒤마
www.rdai.fr

앤 드뮐미스터 숍

설계 당시에는 벨기에 디자이너 앤 드뮐
미스터 숍이었으나 현재는 다른 여러 패
션 브랜드들이 입점해 있다.

주소 | 서울시 강남구 도산대로 45길 10-3
건축가 | 조민석 / 매스스터디스
www.massstudies.com

미메시스아트뮤지엄

열린책들 출판사에서 운영하는 곳으로
전시 공간과 카페가 있다. 이곳뿐 아니라
파주출판단지에는 출판사들이 운영하는
여러 문화 공간이 많으니 함께 들러볼
만하다. 서울에서 파주출판도시를 가는
대중교통 수단으로는 합정역에서 출발하
는 직행버스가 있다.

주소 | 경기도 파주시 문발로 253
www.mimesisart.co.kr
건축가 | 알바루 시자 + 카를로스 카스타네이
라 + 김준성
www.alvarosizavieira.com

오두산통일전망대

남한 측 북방경계선의 서쪽 끝에는 오두
산통일전망대가, 동쪽 끝에는 고성통일
전망대가 있다. 연인끼리 가족끼리 가볼
만하다.

주소 | 경기도 파주시 탄현면 필승로 369
www.jmd.co.kr

전곡선사박물관

선사시대 유적지를 좋아하거나 아이들이
있는 가족이라면 교육적으로도 훌륭한
박물관이다.

주소 | 경기도 연천군 전곡읍 평화로 443번
길 2
jgpm.ggcf.kr
건축가 | 아누크 르장드르 + 니콜라 데마지에
르 / 익스튀
www.xtuarchitects.com

삼성미술관 리움

삼성가(家)에서 설립한 한국 최대 규모의
사설 전시시설이다. 건물뿐 아니라 놀라
울 정도로 진귀한 컬렉션을 자랑한다.

주소 | 서울시 용산구 이태원로 55길 60-16
leeum.samsungfoundation.org
건축가 | 장 누벨 + 렘 콜하스(OMA) + 마리
오 보타
www.jeannouvel.com
oma.eu
www.botta.ch

이화여자대학교 ECC

한국 최고의 사립 명문 여자대학교다. 캠
퍼스 입구를 새로 재정비한 도미니크 페
로의 프로젝트로 건축계에서는 세계적으

로 알려졌다. 폐쇄적인 이전의 정문을 개방하고 건축으로 계곡 같은 풍경을 만들었다.

주소 | 서울시 서대문구 이화여대길 52
www.ewha.ac.kr
건축가 | 도미니크 페로 + 범건축
www.perraultarchitecture.com

길상사

최고급 요정이었던 대원각이 불교 사찰로 탈바꿈한 특이한 이력으로 유명하다. 본래 요정으로 지어졌기 때문에 전통적인 불교 사찰과는 많이 다르다. 산책하며 마음을 가라앉히기에 편안한 곳이다.

주소 | 서울시 성북구 선잠로 5길 68
www.kilsangsa.info

수/풍/석/두손지중 박물관

제주도 비오토피아라는 고급 빌라 단지 내에 위치해 있어 접근이 제한되어 있다. 같은 그룹에서 운영하는 포도호텔의 투숙객이나 골프클럽 이용객은 입장 가능하다. 미리 예약을 하면 가이드의 안내에 따라 답사할 수 있다.

주소 | 제주도 서귀포시 안덕면 산록남로 863
www.biotopiamuseum.co.kr

건축가 | 이타미 준
www.itmarch.com

포도호텔

SK핀크스에서 운영하는 골프클럽 인근에 위치해 있고 총 객실 수 26개로 규모가 크지 않다. 조용한 휴식을 원하는 휴양객에게 추천할 만하다.

주소 | 제주도 서귀포시 안덕면 산록남로 863
www.thepinx.co.kr/podo/web/index.px
건축가 | 이타미 준
www.itmarch.com

추사관

추사 김정희가 제주 유배 당시 살았던 집이 보존되어 있고, 이와 함께 그를 기리는 전시시설이 있어 당시의 생활 모습을 이해하는 데 도움이 된다.

주소 | 제주도 서귀포시 추사로 44
www.jeju.go.kr/chusa
건축가 | 승효상 / 이로재건축사사무소
www.iroje.com

오설록 티스톤

녹차밭 사이에 위치한 오설록 뮤지엄을 통과하면 블랙 티스톤이라는 작은 건물이 오른편에 보인다. 블랙 티스톤에서는 매일 차에 관한 수업을 들을 수 있다. 찐 차와 볶은차의 맛은 어떻게 다른지, 우리나라의 차 예절은 어떤지 배울 수 있다. 강력 추천하는 프로그램으로 미리 예약해야 한다.

주소 | 제주도 서귀포시 안덕면 신화역사로 425
www.osulloc.com
건축가 | 조민석 / 매스스터디스
www.massstudies.com

롯데아트빌라스 블록 D

롯데아트빌라스는 건축가 승효상, 도미니크 페로, 이종호, 구마 겐고, DA 글로벌 그룹 등이 참여한 리조트 단지로 호텔처럼 숙박도 가능하다. 이 책에서는 구마 겐고가 설계한 블록 D를 소개했다.

주소 | 제주도 서귀포시 색달중앙로 252번길 124
www.lottejejuresort.com
건축가 | 구마 겐고
kkaa.co.jp

지니어스로사이명상센터(현 유민미술관)

제주의 동쪽 끝 섭지코지 휘닉스 아일랜드 내에 위치해 있다. 명상을 위한 공간인 만큼 여유를 가지고 산책을 하는 마음으로 둘러보면 좋다. 입장료가 있다.

주소 | 제주도 서귀포시 성산읍 섭지코지로 107 휘닉스 아일랜드 내
www.yuminart.org
건축가 | 안도 다다오

글라스하우스

지니어스로사이 바로 옆에 있다. 2층 이탈리안 레스토랑의 전망이 좋다. 1층에는 재미난 전시 공간과 부티크가 있다.

주소 | 제주도 서귀포시 성산읍 섭지코지로 107 휘닉스 아일랜드 내
건축가 | 안도 다다오

봉주르 한국 건축
프랑스 건축가 25인의 한국 현대건축 여행

ⓒ강민희·안청, 2018

초판 인쇄   2018년 11월 8일
초판 발행   2018년 11월 19일

지은이   강민희
그림·사진   안청
펴낸이   정민영
책임편집   손희경 김소영
디자인   김마리
마케팅   정민호 이숙재 정현민 김도윤 안남영
제작처   한영문화사

펴낸곳   (주)아트북스
출판등록   2001년 5월 18일 제406-2003-057호
주소   10881 경기도 파주시 회동길 210
대표전화   031-955-8888
문의전화   031-955-7977(편집부) 031-955-3578(마케팅)
팩스   031-955-8855
전자우편   artbooks21@naver.com
트위터   @artbooks21
페이스북   www.facebook.com/artbooks.pub

ISBN 978-89-6196-341-1 03610

• 이 도서의 국립중앙도서관 출판예정도서목록(CIP)은 서지정보유통지원시스템 홈페이지(http://seoji.nl.go.kr)
와 국가자료공동목록시스템(http://www.nl.go.kr/kolisnet)에서 이용하실 수 있습니다.
(CIP제어번호: CIP2018035548)